KB217727

업무역량으로 끝내는
자소서와 면접

업무역량으로 끝내는
자소서와 면접

황석범 지음

AONEBOOKS 에이원북스

프롤로그

취업에서 합격과 불합격은 업무역량으로 결정 납니다. 자소서와 면접에서 취준생은 자신의 업무역량을 채용 담당자에게 확실히 전달해야 합니다. 자소서는 채용 담당자를 자신의 업무역량으로 설득하는 글이고, 면접 역시 업무역량으로 면접관을 설득하는 말하기입니다. 자소서와 면접에서 채용 담당자에게 자기 업무역량을 제대로 전달하면 합격할 수 있습니다. 자소서를 영어로 Cover Letter라고 합니다. 자신의 업무역량으로 커버해야 한다는 뜻입니다. 이 책은 자소서와 면접에서 최대한 빠르고 명확하게 자신의 업무역량을 전달하는 방법에 초점을 맞췄습니다.

취준생을 채용하려는 이유는 업무를 시켜 성과를 내려고 하는 것입니다. 자소서에 처음부터 끝까지 '나를 선택하면 회사의 성장과 발전에 도움을 줄 수 있다'라는 역량을 보여줘야 합니다. 역량은 다름 아니라 당신이 살아오면서 체험한 경험입니다. 어려웠지만 잘하기 위해 노력하고 성공시킨 경험, 현재보다 더 성과를 이룬 체험이 역량입니다. 역량이 바로 자소서의 글감입니다.

자소서는 입사의 마지막 관문인 면접과도 긴밀하게 연결되어 있습니다. 면접은 자소서에 쓴 자신의 업무역량을 조목조목 말로 확인하는 작업입니다. 제대로 준비하지 못하면 면접관 앞에서 머릿속이 새하얗게 되고 머뭇거리다 끝납니다. 이 책은 자기 자소서에 질문을 만들고 답변을 쓰는 사례를 보여줍니다. 취준생이 면접까지 통과하려면 자기 자소서에 직접 질문하고 답변을 써야 합니다. 쓰기는 생각보다 막강한 위력을 발휘합니다. 면접에 질문을 만들고 답변을 써야 합니다.

최근 AI를 활용한 자소서 쓰기가 회자하고 있습니다. AI는 아무리 발전해도 오로지 당신만의 체험을 기업의 특성에 맞게 스토리로 쓸 수 없습니다. 설혹 AI를 활용해도 자신만의 스토리를 구성할 줄 알아야 합니다. AI는 자소서에 면접관의 입장에서 세밀하게 질문을 만들고 답변을 제시하지 못합니다. 면접관은 철저하게 당신의 업무역량을 파악하고자 날카로운 질문을 던집니다. 당신 스스로 자소서를 쓰고 면접 질문과 답변을 만들어 연습할 때만 합격할 수 있습니다. 글쓰기가 어려운 취준생을 위해 챗GPT를 활용해 자소서 쓰는 과정을 실었습니다.

책에 최대한 다양한 직군의 자소서를 수록했습니다. 글자 수뿐만 아니라 취업처까지 고려했습니다. 요즘 취업은 면접이 강화되는 추세입니다. 책을 읽고 따라 쓴다면 충분히 자소서를 쓰고 면접 준비를 할 수 있습니다. 취준생이 면접을 보기 위해 작성한 답변 사례를 풍부하게 실었습니다.

최근 면접에서 점차 토론이 강화되는 추세입니다. 앞으로 토론이 계속 확대될 것으로 판단했습니다. 출간을 멈추고 다시 토론 면접을 추가하였습니다. 토론 면접은 고도의 지적 능력이 필요한 찬반 토론(디베이트)을 취준생이 직접 실행하는 과정을 보고 평가합니다. 찬반 토론에서 어떻게 질의하고 대답하는지를 실었습니다. 과정을 따라 하시면 토론을 할 수 있을 것입니다. 취준생 여러분의 합격을 기원합니다.

CONTENTS

프롤로그   5

1부

~~~~~~

업무역량으로 자소서와 면접 준비하기

업무역량이 자소서와 면접의 핵심이다.   12

2부

~~~~~~

업무역량을 살리는 자소서 쓰기

기업분석과 업무역량 파악하기   18

역량 파악을 위한 인생그래프 작성하기   23

자소서 이렇게 쓰지 마라   24

자소서 잘 쓰려면 이것만은 지키자   39

처음부터 업무역량을 보여주자   50

지원동기와 입사 후 포부 쓰기 코칭   70

성장과정 쓰기 코칭   76

경험과 경력 쓰기 코칭   80

챗GPT를 활용한 자소서 쓰기   88

3부

자소서를 활용한 면접 질의와 답변

업무역량을 발휘하는 면접 코칭 94

면접 합격은 답변 쓰기로 준비하자 98

4부

토론 면접

토론 면접에서 업무역량을 보여주는 방법 126

토론 면접 준비를 위한 자유토론 131

5부

자소서와 면접을 위한 합격자와의 인터뷰

자소서와 면접을 위한 합격자와의 인터뷰 140

책을 마치며 147

1부

업무역량으로 자소서와 면접 준비하기

업무역량이
자소서와 면접의 핵심이다.

취업하려는 지니는 자소서를 쓰려고 자소서 전문가 제프를 만났습니다. 그와 함께 대화하면서 자소서 쓰는 방법과 면접 준비를 어떻게 할지 배우고 있습니다. 둘의 대화를 보면서 자소서 쓰기와 면접 대비 방법을 알아보겠습니다.

제프: 지니님 자소서를 쓰기 전에 '자기소개서'라는 것이 무엇인지 말해보세요. 지니님이 생각하는 '자소서는 이런 것이다'를 ~.

지니: 말 그대로 자기를 소개하는 글 아닙니까?

제프: 그러면 자기소개 부탁드립니다.

지니: 네, 저는 대학생으로 ○○○○를 공부하고 있습니다. 요즘은 □□에 취업하고자 자소서 쓰기와 면접 준비를 하고 있습니다.

제프: 사람은 자기를 소개하라고 하면 자신이 해왔던 일, 현재 하는 일 그리고

미래에 하고 싶은 일로 설명합니다.

자소서를 읽는 사람이 자소서로 판단하려는 것은 무엇일까요? 그냥 이력서나 받고 취업시키면 되는데, 왜 굳이 자소서를 쓰라고 할까요?

지니: 회사가 사람을 뽑는 건 일 시키려는 거겠죠. 일 잘하는지 알려고 그러는 것 아닐까요?

제프: 네, 회사가 일 시키려고 사람을 고용합니다. 일하려면 이게 있어야겠죠.

지니: 적성~, 이건 좀 그렇고. 능력~, 능력 같은데요.

제프: 네~. 능력인데, 전문 용어로 역량이라 합니다. 회사는 자소서와 면접으로 취준생의 업무역량을 알고 싶은 겁니다. 취준생이 우리 회사에 들어와 잘 적응하고, 맡은 업무를 훌륭하게 할 수 있는 지, 업무역량을 파악하려고 자소서와 면접을 보는 것입니다.

지니: 취업하려는 모든 곳에서 자소서와 면접으로 업무역량을 파악하나요?

제프: 네. 그렇습니다. 너무 걱정하지 않아도 됩니다. 제가 안내하는 길을 따라오시면 충분히 할 수 있습니다. 사기업이든, 공기업이든, 관공서, 단체에서 인재를 채용하는 것은 업무를 시켜 성과를 얻고자 하는 거죠. 성과를 내려면 필연적으로 일을 할 수 있는 역량이 있어야겠죠. 토익점수나 스펙으로 업무역량을 파악하기에는 한계가 있기에 자소서와 면접을 보는 것입니다.

지니: 그래서 나온 것이 자소서와 면접이군요.

제프: 네. 맞습니다. 자소서의 내용을 읽고 업무역량을 파악합니다. 1차면접은 지원한 부서의 현업 종사자들이 와서 합니다. 2차는 좀 더 윗선에서 '지원자가 우리 회사에 입사해서 무리 없이 업무를 맡을 수 있느냐'를 최종적으로 평가합니다.

지니: 면접은 말로 저의 업무역량을 파악한다는 것이군요. 그러면 업무역량이 무엇인가요?

제프: 업무역량은 일할 때 성과를 내는 것을 말합니다. 입사하면 업무를 맡죠. 면접관이 '업무를 얼마나 잘 수행할 수 있느냐'를 파악하는 것이기에 자소서와 면접에서 자신의 업무역량이 잘 드러나도록 해야 합니다.

지니: 자소서를 쓰는 것이 생각보다 쉽지 않더라고요.

제프: 이렇게 해보세요. 자기 경험 중에서 자소서 항목 쓰기에 맞는 내용을 찾아야 합니다. 대학교 1학년 때부터 지금까지 자신이 했던 경험을 생각나는 대로 써보세요. 학과 공부나 동아리 활동, 아르바이트나 인턴 그리고 외국 여행 등등을 쓰는 겁니다. 쓰고 나서 입사하려는 곳에 맞는 경험을 선택해 자소서를 써야죠.

지니: 어떤 경험을 써야 할지 막막합니다.

제프: 사람들이 좋아하는, 특히 기업에서 원하는 스토리 구조가 있습니다. 뭔가 하려고 할 때, 일을 진행하기 어려웠지만, 대책을 생각하고, 이를 극복하여 무엇인가 성과를 낸 이야기를 가장 좋아합니다. 살아오면서 성취를 얻은 경험이면 자소서에 다 활용할 수 있습니다.

지니: 아~ 느낌이 옵니다. 그동안 공부했던 것, 동아리 활동, 콘테스트 등에서 힘들었지만, 이를 극복하고 뭔가 성취를 얻은 것을 쓰는 거죠.

제프: 정확합니다. 어려웠지만 성공한 경험이 자소서를 쓰는 데 최고의 글감입니다.

지니: 이제 감이 확실히 옵니다. 고맙습니다.

2부

업무역량을 살리는
자소서 쓰기

기업분석과
업무역량 파악하기

■ 입사하려는 곳의 비즈니스 모델을 파악하자.

제품과 서비스

인재상

CEO의 인사말과 경영방침

지속가능경영보고서

기업이 아닌 곳은 경영공시

■ 자신이 맡을 업무를 파악하고 스스로의 역량을 쓰자.

끝까지 포기하지 않고 성과를 낸 경험

계획을 세워 실행하여 성과를 낸 경험

기업분석을 자세히 하자.

취업하려면 회사가 운영하는 비즈니스 모델을 상세히 알아야 합니다. 기업이라면 판매하는 상품과 서비스를, 단체라면 어떤 사업을 운영하는지 명확하게 파악하고 있어야죠. 그 외에 CEO의 인사말과 경영방침, 인재상, 지속가능경영보고서(단체는 경영공시)는 반드시 알고 있어야 합니다. 이를 자소서에 활용하려면 요약해서 정리해야 합니다. 꼭 타이핑하고 여러 번 읽어 기업분석 내용을 머릿속으로 숙지하세요.

기업의 비즈니스 모델을 분석하고 난 이후, 그 내용을 최대한 많은 분량으로 쓰기를 당부합니다. 많이 쓰면 쓸수록 자소서를 쓸 때, 커다란 도움을 받을 수 있습니다. 기업분석은 자소서 쓰기와 면접 준비의 가장 기초적인 작업입니다. 기업이나 단체가 판매하는 상품이나 서비스도 구매하여 사용해 보세요. 상품이나 서비스를 직접 체험하면 면접에서 구체적이고 생생한 대답을 할 수 있습니다. 당연히 면접관은 회사를 잘 아는 사람을 뽑겠죠.

자소서 사례 1

○○○○의 경영철학과 목표는 '인재와 기술을 바탕으로 최고의 제품과 서비스를 창출하여 인류사회에 공헌하는 것, ○○○○가 추구하는 궁극적인 목표'라고 말합니다. ○○○○자소서에 자신의 경영철학과 목표에 맞게 지원동기를 쓴 사례를 봅시다.

수업 시간에 사용한 매우 작은 반도체 소자 하나가 복잡한 일을 처리한다는 것이 신기해 반도체에 관심을 가졌습니다. ○○이 반도체 분야 1위 기업인 만큼 ○○에서 반도체에 대해 가장 잘 배울 수 있다고 생각했습니다. ○○ 에서 일하는 것에 최고라는 자부심을 가지는 모습을 보고 ○○과 함께하겠다는 결심을 하였습니다. 코로나 사태로 마스크가 품귀현상일 때, 이를 해결하는 등 높은 기술력으로 사회에 공헌하는 모습에 깊은 감명을 받았습니다. ○○가 반도체로 만들어가는 우리 생활의 편리함과 모두가 잘 사는 사회 실현을 위한 사회공헌에 동참하고 싶어 지원하였습니다.

자소서 사례2

업무역량이 드러나는 자기 경험을 쓰자

자신이 입사하면 맡아서 할 일을 최대한 상세하게 파악해야 합니다. 회사가 취준생에게 원하는 것은 업무역량입니다. 회사는 자소서와 면접으로 처음부터 끝까지 지원자의 업무역량을 알고자 합니다. 입사하려는 곳의 비즈니스에 맞게 자신의 업무역량을 잘 보여주는 것이 자소서와 면접의 전부라 할 수 있습니다. 자신이 경험했던 일과 체험 중에 업무역량이 잘 드러날 수 있는 것을 자소서와 면접에 활용합니다.

먼저 대학 입학부터 현재까지 그동안의 삶을 글로 쓰세요. 생각나는 대로 적으세요. 미주알고주알 자세히 기록합니다. 글로 쓴 자신의 삶 중에서 자소서 문항에 딱 맞는 경험을 선택합니다.

당신을 채용하면 누구보다 능력 발휘를 잘 할 수 있다는 점을 보여줘야 합니다. 최악의 상황에서도 절대 포기하지 않고 끝까지 실력 발휘를 한 경험이 가장 좋습니다. 다음은 계획을 세우고 실행하여 성과를 낸 경험을 쓰세요. 이를 통틀어 프로정신으로 업무역량을 발휘했다고 말합니다. 기업의 채용담당관이 자소서 읽기와 면접으로 파악하려는 것은 취준생이 프로정신으로 업무역량을 발휘한 경험입니다.

몸소 단련한 '친절함'과 '적응력'

○○○○년 ○월, △△지점에서 설 연휴 범죄 예방을 위한 청원 경찰 아르바이트를 1주일간 했습니다. 시골 지점에서는 주 고객이 어르신들이었습니다. 어르신들은 ATM 사용이 미숙하고 기계는 미덥지 못하다는 이유로 단순한 입출금도 창구를 이용하길 원했습니다. 또한 대출 이자금 상환 등이 본인의 생각과 조금 다르거나, 쌀이나 비료 등의 제품 가격이 예년보다 조금만 올라도 쉽게 언성을 높이셨습니다.

그러나 반복되는 설명이라도 시종일관 미소로 어르신들을 대하는 은행원을 보면서 은행 직무에서 가장 중요한 역량은 '친절함'이라는 것을 배웠습니다. 저는 자발적으로 어르신들께 창구안내와 ATM기 사용법을 알려드리고 술에 취하신 분들이나 언성을 높이시는 분들을 웃으며 달래 댁으로 가실 수 있도록 했습니다.

저의 고향은 시골 벽지로 대도시에 비해 인프라 격차가 상당합니다. 저는 10년간 △△에서의 생활, 7년간 서울에서의 생활, 대도시와 시골 양쪽 모두의 차이와 성향을 잘 파악하고 있습니다. 따라서 전국의 어느 지점이라도 누구보다 빠르게 적응하고 끝없는 친절함을 명심하며 생활할 자신이 있습니다.

기업분석과 업무역량 작성표

아래의 표를 활용하여 기업을 분석하고 자신의 업무역량을 정리하세요. 자소서를 쓸 때, 기업의 비즈니스에 맞는 자신의 업무역량을 쓰세요.

- 회사명
- 판매하는 제품과 서비스
- 인재상
- CEO의 인사말과 경영방침
- 지속가능경영보고서
- 경영공시(기업이 아닌 곳은 경영공시)
- 자신이 맡을 업무
- 자기의 역량

역량 파악을 위한
인생그래프 작성하기

자기의 역량을 스스로 파악하기 위해 자소서 쓰기에 맞는 자신의 경험을 찾아보는 인생그래프를 그려봅시다. 대학교 1학년 때부터, 지금까지 자신이 어떤 고난과 좌절 그리고 성공과 성취를 얻었는지 그래프에 그립니다. 자신의 역량을 쉽게 파악할 수 있을 것입니다. 아래의 QR코드를 찍어 검색하면 인생그래프 양식과 인생그래프를 작성한 사례를 볼 수 있습니다.

자소서 이렇게 쓰지 마라

자소서 사례 1

너무 많은 사례를 쓰지 말고 가능하면 딱 하나, 자신의 업무역량을 확실하게 보여줄 수 있는 하나의 경험에 집중하세요. 자신의 경력과 강점을 보여주려는 욕심이 앞서, 많은 사례를 쓰는 자소서가 종종 있습니다. 사례를 많이 쓰면 내용이 모호해져 면접관에게 나의 강점을 확실하게 제시할 수 없게 됩니다. 자신만의 강점과 업무역량이 살아날 수 있는 딱 하나만을 선택해서 쓰세요. 물론 700자 이상, 글자 수가 많으면 두 개 정도는 가능합니다.

첫째, 둘째, 셋째로 나눠서 쓰지 마세요. 첫째, 둘째, 셋째는 1,000자 넘는 자소서에 쓸 수 있습니다. 그러나 700자 이하는 웬만하면 쓰지 마세요. 자소서는 자기 경험을 스토리로 작성할 수 있어야 합니다. 첫째, 둘째로 글을 쓰면, 읽는 사람이 너무 건조하고 딱딱한 느낌을 받을 수 있습니다.

'많은 사회적 경험', '약속한다', '최선을 다하겠다' 등의 구체적이지 못한 쓸데없는 군더더기도 피해야 합니다. 생생한 경험이 바로 드러나야 합니다. 다음의 자소서를 읽으면서 무엇이 문제인지 살펴봅시다.

지원 분야와 관련된 본인의 역량을 기술하시오.

저의 첫 번째 핵심 역량은 전문성입니다. 평소에 경영, 경제, 회계를 계속해서 공부해왔습니다. 이러한 직무와 관련된 지식을 전문화하기 위하여 꾸준히 자격증 취득에 매진해왔고, 결과가 좋았습니다. 다양한 자격증은 업무를 배우고, 문제를 해결해 나가는 데 많은 도움이 될 것입니다.

두 번째는 꼼꼼함입니다. 많은 사회 경험을 통해 다양한 일을 배워오며 가르침에 대해 메모하는 습관을 지녔습니다. 누군가는 번거로운 작업이라고 생각할 수 있지만 메모하는 습관으로 꼼꼼하다는 소리를 주변에서 많이 들어왔고, 제가 업무를 깜빡하거나 잊을 일은 0에 수렴하였습니다.

마지막 역량을 경제 용어로 설명하자면 탄력성이 낮은 사람입니다. 어떠한 급변화와 외부의 방해 요소가 있을지라도 항상 긍정적인 사고와 강인한 정신력을 소유하고 있기에 나 자신의 외부 요소 탄력성이 낮은 인재입니다. ○○○○도시관리공단에 입사해 이러한 핵심 역량을 이용해 빠르게 적응하는 사원이 될 것을 약속드립니다.

자소서 지도

저의 첫 번째 핵심 역량은 전문성입니다. 평소에 경영, 경제, 회계를 계속해서 공부해왔습니다. 이러한 직무와 관련된 지식을 전문화하기 위하여 꾸준히 자격증 취득에 매진해왔고, 결과가 좋았습니다. 다양한 자격증은 업무를 배우고, <u>문제를 해결해 나가는</u> 데 있어서 많은 도움이 될 것입니다.

☐ 핵심 역량은 업무를 잘하는 능력을 말합니다. 전문성이 핵심 역량이 될 수 없습니다.

☐ 문제를 해결하는 데 도움이 된다고 말씀하셨는데, 어떠한 문제 해결에 도움이 될지 써주세요.

☐ 경영, 경제, 회계를 공부했다가 아니라 자신이 입사하면 해야 할 직무와 관련된 내용을 구체적으로 선택해야 합니다. 전문은 한 분야에서 역량을 제대로 발휘할 수 있다는 뜻입니다.

☐ 위의 글은 자소서에 써야 할 업무역량과 관련성이 너무 떨어집니다. 삭제하기를 권합니다.

두 번째는 꼼꼼함입니다. 많은 사회 경험을 통해 다양한 일을 배워오며 가르침에 대해 메모하는 습관을 지녔습니다. 누군가는 번거로운 작업이라고 생각할 수 있지만 메모하는 습관으로 꼼꼼하다는 소리를 주변에서 많이 들어왔고, 제가 업무를 깜빡하거나 잊을 일은 0에 수렴하였습니다.

☐ 메모하는 습관을 업무역량으로 쓰기에는 적합하지 않다고 생각합니다. 꼼꼼함으로 구체적으로 어떤 업무를 해결했는지 사례를 제시한다면 훨씬 좋은 자소서가 될 것 같습니다.

마지막 역량을 경제 용어로 설명하자면 탄력성이 낮은 사람입니다. 어떠한 급변화와 외부의 방해 요소가 있을지라도 항상 긍정적인 사고와 강인한 멘탈을 소유하고 있기에 나 자신의 외부 요소 탄력성이 낮은 인재입니다. ○○○○관리공단에 입사해 이러한 핵심 역량을 이용해 빠르게 적응하는 사원이 될 것을 약속드립니다.

□ 자소서를 쓰기에 가장 적합한 내용입니다. 지원하는 관리공단 회계 담당 업무와도 밀접한 연관성이 있습니다.

□ 첫 번째와 두 번째를 삭제하고 마지막 역량을 자세하게 쓴다면 훌륭한 자소서가 될 것으로 생각합니다.

□ '약속합니다', '뼈를 묻겠습니다', '최선을 다하겠습니다.' 추상적이고 모호한 결론은 쓰지 마세요. '~~한 교육시스템을 만들고 싶습니다', '~~한 제품을 만들고 싶습니다.'처럼 성과를 내겠다는 자신감을 보여줘야 합니다.

자소서 사례 2

자소서를 작성하기 전에 문항을 잘 파악해야 합니다. 아래의 문항은 자신의 생각이나 의견으로 상대방을 설득했던 경험을 쓰라고 합니다. 그것도 성공적으로 설득했던 경험입니다. 이를 쓰기 위해서는 [언제 어디서 어떠한 일을 할 때였는데 서로 간에 갈등하는 문제가 발생했다. 이 갈등을 해결하기 위해 '나는 이렇게 했다' 그래서 이렇게 해결됐다.]라는 내용이 꼭 들어가야 합니다.

자신의 생각이나 의견을 통해 상대방을 성공적으로 설득했던 경험을 상황·행동·결과 중심으로 구체적으로 기술하시오.

<봉사활동을 통한 재능기부>

작은 변화로부터 창의력이 시작되고, 조직의 발전을 이룰 수 있다고 생각합니다. 짧은 시간이었지만 지역아동센터에서 판매 수익을 통해 어려운 아이들을 도와주는 바자회 행사에도 적극적으로 참여했습니다. 지역주민들은 싼값에 필요한 물건을 살 수 있고, 그 수익의 일부를 기부할 수 있다는 것은 제게 큰 보람으로 다가왔습니다. 제가 판매를 담당한 물건은 에코백이었는데, 첫 날 다른 물건에 비해 판매가 많이 저조하였습니다. 그래서 다시 물건을 확인해 보니 무늬가 없고, 단조로운 물건만 있었습니다. 저는 담당 선생님께 부탁해 지역아동센터 아이들과 같이 리폼을 해 판매하면 더 의미 있고, 소비자의 구매 욕구를 불러일으킬 수 있다고 생각했습니다. 그 결과 에코백이 센터 아이들과 함께한 물건이라는 의미성을 가지게 되었고, 이를 어필하여 소비자의 이목을 집중시켰습니다. 바자회 활동은 저의 경영 지식과 봉사활동을 위한 마음이 어우러진 특별한 경험입니다.

자소서 지도

<봉사활동을 통한 재능기부>

☐ 상대방을 설득하는 경험을 쓰라는 것과 관련이 없습니다. 문항을 제대로 파악하지 못해서 글의 방향을 잘못 잡았습니다. 첫 문장은 전체 글의 내용을 담아 보여줄 수 있어야 합니다. 첫 문장과 자소서의 내용은 긴밀하게 연결되어 있어야 합니다. 논리적으로 맥락이 통해야 합니다. 이 자소서를 읽어 보면 재능기부의 내용이 없습니다. 논리가 없는 글입니다.

작은 변화로부터 창의력이 시작되고, 조직의 발전을 이룰 수 있다고 생각합니다.

☐ 창의력과 조직의 발전을 말하는 것이 아닙니다. 회사가 원하는 것은 설득한 경험을 쓰는 것입니다. 창의력과 조직의 발전을 위한 활동은 회사가 원하는 내용이 아닙니다.

짧은 시간이었지만 지역아동센터에서 판매 수익을 통해 어려운 아이들을 도와주는 바자회 행사에도 적극적으로 참여했습니다. 지역주민들은 싼값에 필요한 물건을 살 수 있고, 그 수익의 일부를 기부할 수 있다는 것은 제게 큰 보람으로 다가왔습니다. 제가 판매를 담당한 물건은 에코백이었는데, 첫날 다른 물건에 비해 판매가 많이 저조하였습니다. 그래서 다시 물건을 확인해 보니 무늬가 없고, 단조로운 물건만 있었습니다. 저는 담당 선생님께 부탁해 지역아동센터 아이들과 같이 리폼을 해 판매를 하면 더 의미 있고, 소비자의 구매 욕구를 불러일으킬 수 있다고 생각했습니다. 그 결과 에코백이 센터 아이들과 함께한 물건이라는 의미성을 가지게 되었고, 이를 어필하여 소비자의 이목을 집중시켰습니다. 바자회 활동은 저의 경영 지식과 봉사활동을 위한 마음이 어우러진 특별한 경험입니다.

☐ 설득하는 경험을 쓰라는 것은 설득이 회사에서 가장 중요한 업무능력이라는 의미입니다. 이 회사는 고객과의 갈등 상황이 많이 발생하기에 이를 잘 해결할 수 있는 직원을 선발하려 하는 것입니다. 물건 잘 팔기 위한 노력을 쓰는 것이 아닙니다. 바자회의 경험을 쓰려면 어떤 갈등이 있었고 이를 해결한 경험을 써야 합니다.

☐ 에코백을 만드는 과정과 그 과정에서 발생한 갈등 상황이 있다면 써보세요.

☐ 판매의 과정에서 소비자와의 갈등이나 설득한 경험을 자세히 쓴다면 문항에 맞는 자소서를 쓸 수 있을 것입니다.

자소서 사례 3

자소서에는 입사하는 곳의 성장과 발전에 최선을 다하겠다는 의지가 드러나야 합니다. 글에서 당신의 꿈과 비전이 보여야 합니다. '자신만의 이익과 안정만을 추구하기 위해 직업을 선택하겠다'라는 내용을 쓴다면 채용관이 외면할 것입니다.

지원동기를 쓰시오.

대학교도 동물 관련 학과에 진학하게 되었습니다. 대학생 시절에 가축 사육 실기 수업을 하면서 가축 동물에 관해 관심이 생기고 이론 수업 중 육종학 과목에도 흥미가 생겨 가축에 대해 더 깊게 공부하고 싶다는 생각이 들었습니다.

방학 때는 육종학과 관련된 실습을 갔었는데 근무하시는 직원분들과 많은 대화를 하면서 축산과 관련된 취업 정보와 축산 자격증 등 많은 정보를 얻었습니다. 취업에 관해 이야기를 하던 중 코로나 때문에 직장을 잃은 사람들이 많고 나중에 코로나와 같은 대유행 전염병이 올 수 있다는 것을 고려한다면 안정적인 직장인 공무원이나 공기업에 들어가는 것이 좋다는 말씀을 해 주셨습니다.

자소서 지도

대학교도 동물 관련 학과에 진학하게 되었습니다. 대학생 시절에 가축 사육 실기 수업을 하면서 가축 동물에 관해 관심이 생기고 이론 수업 중 육종학 과목에도 흥미가 생겨 가축에 대해 더 깊게 공부하고 싶다는 생각이 들었습니다.

□ 앞에 설명이 너무 깁니다. 시작부터 육종학으로 바로 쓰세요.

"가장 흥미로웠던 과목은 육종학이었습니다. 가축을 개량하여 실용 가치가 더 높은 새로운 품종을 육성, 증식, 보급하는 농업 기술을 좀 더 공부하고 싶었습니다." 이렇게 바로 들어갑시다.

방학 때, 육종학 관련 실습을 갔습니다. 근무하시는 직원분들과 많은 대화를 하면서 축산과 관련된 취업 정보와 축산 자격증 등 많은 정보를 얻었습니다. 취업에 관해 이야기를 하던 중 코로나 때문에 직장을 잃은 사람들이 많고 나중에 코로나와 같은 대유행 전염병이 올 수 있다는 것을 고려한다면 안정적인 직장인 공무원이나 공기업에 들어가는 것이 좋다는 말씀을 해주셨습니다.

□ 밑줄 친 부분은 자소서에 쓰기에 아주 부적절한 내용입니다. 공무원이 하는 업무에 대해 제대로 파악하지 못하고 있습니다. 공무원은 국민을 위해 서비스를 제공하는 직업입니다. 국민의 삶의 발전에 공헌하는 청년의 역할과 입사하는 곳의 발전을 위해 헌신하는 태도를 써야 합니다. 자신만의 안정적인 삶만을 위해 공무원이 되고자 한다는 생각을 썼습니다. 제가 채용 담당자라면 바로 탈락시키겠습니다.

자소서 사례 4

자소서 쓰기의 핵심은 업무역량을 드러나는 구체적인 사례를 보여주는 것입니다. 딱 하나, 인사담당자의 눈에 쏙 들어갈 내용이어야 합니다. "아~ 이것 괜찮네"를 글로 써야 합니다. 업무역량이 드러나려면 '다양한, 여러 가지, 모든'이 아니라, 자신의 역량을 확실히 보여줄 딱 하나를 선택해 써야 합니다.

자신의 생각이나 의견을 통해 상대방을 성공적으로 설득했던 경험을 상황·행동·결과 중심으로 구체적으로 기술하시오.

가전제품 관련 판매직에 종사했을 때, 불량제품을 제외한 고객의 다양한 형태의 환불을 마주했었습니다. 매번 같은 솔루션으로 환불 이의제기를 동시에 처리하는 것에 부정적인 감정을 느꼈습니다. 이를 해결하기 위해 먼저 환불 예방에 주목했습니다. 환불 건수를 최소화하기 위해 진열되고 있는 모든 브랜드 제품에 대한 깊이 있는 공부와 장단점을 객관화했습니다. 제품의 객관화를 선택지로 바꾸어 고객이 직접 선택할 수 있도록 유도하였고 결과적으로 원하는 선택으로 이끌었습니다. 두 번째로 솔직한 상담에 주목했습니다. 제품의 장점만 언급하지 않고 단점도 언급하되 사용자의 장기적인 관점에서 상담을 진행했습니다. 마지막으로 친절한 사후 처리에 주목했습니다. 특히 단순 변심 등과 같은 이의제기가 가장 어려웠지만, 손해라고 생각하지 않고 다른 고객을 연결해주는 자산이라고 생각했습니다. 결국 판매 대비 환불 건수를 1% 이하로 낮추는 결과를 얻었습니다.

자소서 지도

가전제품 관련 판매직에 종사했을 때, 불량제품을 제외한 고객의 다양한 형태의 환불을 마주했었습니다.

☐ 환불을 요구하는 구체적인 사례를 하나 써주세요. (어떤 제품이었는데 고객들이 이런 문제로 환불을 요구했다.)

매번 같은 솔루션으로 환불 이의제기를 동시에 처리하는 것에 부정적인 감정을 느꼈습니다. 이를 해결하기 위해 먼저 환불 예방에 주목했습니다. 환불 건수를 최소화하기 위해 진열되고 있는 모든 브랜드 제품에 대한 깊이 있는 공부와 장단점을 객관화했습니다. 제품의 객관화를 선택지로 바꾸어 고객이 직접 선택할 수 있도록 유도하였고 결과적으로 원하는 선택으로 이끌었습니다.

☐ 구체적으로 제품 하나를 들어 사례를 써주세요.

두 번째로 솔직한 상담에 주목했습니다. 제품의 장점만 언급하지 않고 단점도 언급하되 사용자의 장기적인 관점에서 상담을 진행했습니다.

마지막으로 친절한 사후 처리에 주목했습니다. 특히 단순 변심 등과 같은 이의제기가 가장 어려웠지만, 손해라고 생각하지 않고 다른 고객을 연결해주는 자산이라고 생각했습니다. 결국 판매 대비 환불 건수를 1% 이하로 낮추는 결과를 얻었습니다.

☐ 사후 처리를 어떻게 했는지 자세하게 써주세요.

☐ 가장 인상에 남았던 고객과의 경험을 자세하게 써주세요. 고객이~~한 요구를 했다. 이를 위의 방법을 적용하여 설득하여 환불을 안 하고 제품을

자소서 사례 5

자소서는 처음부터 자신의 업무역량이 바로 드러나도록 씁니다. 자소서 합격과 불합격은 자신의 업무역량을 얼마나 잘 쓰냐에 달려있습니다. 문학적인 표현은 이차적인 문제입니다. 자소서 쓰기는 업무역량이 핵심입니다. 업무역량을 제대로 드러낼 때 합격할 수 있습니다.

지원 분야에 관심을 끌게 된 계기는 무엇이며, 재단에 입사하여 수행하고 싶은 업무와 해당 업무 수행을 위한 자신의 역량을 자유롭게 기술하시오.

문화유산은 시대정신이 담긴 역사 혼이라고 생각한다. 문화유산은 과거 역사가 존재했음을 증명해주기 때문에 역사적 배경을 들여다볼 수 있다. 이 배경을 탐구한 적이 있는데 숭례문 복원 사업이다. 궁궐을 복원하는 것은 국보 1호의 위상을 찾는 과정을 넘어서서 유물의 원형적인 의미를 살리는 직업이라는 것을 깨달았다. 이러한 문화재의 가치를 잃은 모형에 불과한 우리 역사의 현실을 학생의 신분에서 되찾을 수 있는 역할이 있을까에 대해 고민하였다. 작은 범위인, 문화재의 의미부터 찾아 나가야겠다고 다짐하였다. 이 과정에서 가까운 곳에서 역사의 본질을 찾는 동시에 과거를 통해 현재를 돌아볼 수 있는 문화재 컬렉터가 되는 발걸음에 한 단계 더 성장하게 되었다.

자소서 지도

문화유산은 시대정신이 담긴 역사 혼이라고 생각한다. 문화유산은 과거 역사가 존재했음을 증명해주기 때문에 역사적 배경을 들여다볼 수 있다. 이 배경을 탐구한 적이 있는데 숭례문 복원 사업이다. 궁궐을 복원하는 것은 국보 1호의 위상을 찾는 과정을 넘어서서 유물의 원형적인 의미를 살리는 직업이라는 것을 깨달았다. 이러한 문화재의 가치를 잃은 모형에 불과한 우리 역사의 현실을 학생의 신분에서 되찾을 수 있는 역할이 있을까에 대해 고민하였다. 작은 범위인, 문화재의 의미부터 찾아 나가야겠다고 다짐하였다. 이 과정에서 가까운 곳에서 역사의 본질을 찾는 동시에 과거를 통해 현재를 돌아볼 수 있는 문화재 컬렉터가 되는 발걸음에 한 단계 더 성장하게 되었다.

☐ 서두를 너무 길게 썼습니다. 문학적인 수사보다 자신의 업무능력을 바로 보여주는 것이 자소서 쓰기의 핵심입니다. 또한 숭례문 복원사업에 참여한 것이 문화재 컬렉터와 연관성이 얼마나 있을지 의문이 듭니다. 처음부터 ~~한 계기로 문화재 컬렉터를 하고 싶었습니다. 계기는 공부나 여행, 관람 등 어느 것이어도 상관없습니다.

☐ 홈페이지를 방문하여 지원하는 곳의 업무가 어떻게 되는지 글로 써서 정리하기를 당부합니다. 상세하게 업무 파악을 하지 않으면 제대로 된 자소서가 나오지 않습니다.

자소서 사례 6

자소서를 쓰기 전에 문항을 정확히 파악해야 합니다. 취업하려는 곳에서 나에게 어떤 업무역량을 쓰라고 하는지 확실하게 파악해야 합니다. 문항을 제대로 파악하지 못하면 자소서의 글이 문항에서 요구하는 방향이 아니라 엉뚱한 곳으로 흘러갑니다.

직장인으로서 직업윤리가 왜 중요한지 본인의 가치관을 중심으로 설
명하시오.

〈청렴과 책임의식〉

○○○○도시관리공단의 직원으로서 지녀야 할 많은 직업윤리가 있지만,
평소 가장 중요하다고 생각해왔던 가치관은 **청렴과 책임의식**입니다. 공사는
지속 가능한 ○○○○를 위해 도시 가치를 창조하고 선도하는 기관이고, 이
를 위해서는 ○○○○의 발전을 위해 봉사하는 정신이 필요하다고 생각합
니다.

먼저 시민의 행복과 복리의 증진을 위해 존재하는 기업인 만큼 항상 거짓이
없는 **투명한 자료를 제공**하고, **소통과 협력**을 하는 것은 직원으로서 최우선
의 과제라고 생각합니다. 이러한 ○○○○를 위해 헌신하는 마음은 **정직성**
에 포함되어 있다고 생각하고, 업무에 임할 것을 약속드립니다.

두 번째는 책임의식입니다. 공직자는 국민의 대표라고 생각합니다. 따라서
국민이 원하는 바와 요구를 항상 연구하고, **충족시켜주어야 할 의무가 있다**
고 생각합니다. 이는 직무 내에서 **업무를 성실히 수행**하는 것이 시작이라고
생각하고, 작은 부분부터 책임감을 느끼고 나아갈 것을 약속드립니다.

자소서 지도

<청렴과 책임의식>

○○○○도시관리공단의 직원으로서 지녀야 할 많은 직업윤리가 있지만, 평소 가장 중요하다고 생각해왔던 가치관은 **청렴과 책임의식**입니다. 공사는 지속 가능한 ○○○○를 위해 도시 가치를 창조하고 선도하는 기관이고, 이를 위해서는 ○○○○의 발전을 위해 봉사하는 정신이 필요하다고 생각합니다.

☐ '직장인의 직업윤리로 ~~ 이 필요하다고 생각합니다. 왜냐하면 이는 회사의 ~~한 업무를 위해 반드시 필요합니다'로 바로 들어가야 합니다.

먼저 시민의 행복과 복리의 증진을 위해 존재하는 기업인 만큼 항상 거짓이 없는 **투명한 자료를 제공**하고, **소통과 협력을 하는** 것은 직원으로서 최우선의 과제라고 생각합니다. 이러한 ○○○○를 위해 헌신하는 마음은 **정직성**에 포함되어 있다고 생각하고, 업무에 임할 것을 약속드립니다.

☐ 소통과 협력이 최우선 과제라고 말씀하셨는데 청렴과 어떤 연관이 있을까요? 청렴과 관련된 글을 써야 합니다.

두 번째는 책임의식입니다. 공직자는 국민의 대표라고 생각합니다. 따라서 **국민이 원하는 바와 니즈를 항상 연구하고, 충족시켜주어야 할** 의무가 있다고 생각합니다. 이는 직무 내에서 **업무를 성실히 수행하는** 것이 시작이라고 생각하고, 작은 부분부터 책임감을 갖고 나아갈 것을 약속드립니다.

☐ 마지막에 '약속드립니다.'라는 표현은 별로입니다. '미래에 이렇게 성장하겠다.'라는 진취적인 모습을 보여주세요.

첨삭 코칭 이후 재작성

제가 항상 가장 중요하게 생각하는 가치는 정직성과 책임감입니다. 이는 회사의 업무에 절대적으로 필요하며, 우리의 모든 업무에 직접적으로 구현되어야 합니다.

우선, 시민들의 행복과 복지를 향상시키기 위해 존재하는 회사로서, 정직하고 투명한 정보 제공이 최우선이라 믿습니다. 정직성은 소통과 협력과 밀접한 관련이 있습니다. 투명한 소통은 신뢰를 구축하며, 이는 정직성의 기본입니다. 효과적인 협력을 통해 우리의 행동이 우리의 가치와 일치하도록 하고, 공동의 목표를 향해 나아갈 수 있습니다. 이러한 일치와 팀워크는 우리의 정직하고 윤리적인 행동에 대한 헌신을 보여줍니다.

다음은 책임감입니다. ○○구민이 어떤 서비스를 제공할지 연구하고 이를 실현할 의무가 있습니다. 제가 직무를 충실히 수행하는 것과 직면한 과제를 주도적으로 해결해야 합니다. 작은 세부 사항부터 책임감을 갖고, 커리어가 발전함에 따라 더 큰 책임감을 갖고 성장할 것입니다. 정직성과 책임으로 공사에 기여하고 개인적 및 직업적으로 성장하여, ○○구의 발전에 최선을 다하겠습니다.

자소서 잘 쓰려면
이것만은 지키자

1. 자소서 문항에 맞게 글을 쓰자.

취준생은 자소서 문항을 제대로 파악하고 있어야 합니다. 자소서 문항에서 쓰라는 것은 전부 다 자기 자소서에 써야 합니다. 많은 취준생이 자소서의 문항을 올바로 파악하지 못해 질의에서 벗어난 글을 씁니다. 문항에 맞게 글을 쓰면 글자 수도 쉽게 맞출 수 있습니다.

최근 5년 이내에 직면했던 삶의 어려움이 무엇이었으며, 그것을 어떻게 극복하였는지 기술하시오.

<태도 변화로 인한 성장>

어떤 기업의 마케팅, 유통, 경영 전략 등을 조사하고, 그 기업이 앞으로 성장

할 방향과 비전을 제시하는 것이 목표인 팀 프로젝트를 자주 경험하며 성장했습니다. 프로젝트 초기에는 구성원들과 어색하고, 낯을 가려 소극적인 태도로 회의에 임했습니다. 하지만 몇 번 경험하다 보니 처음부터 나서서 주도하고, 분위기를 좋게 만드는 것이 저와 제 팀원들에게도 좋은 결과를 가져다 줄 확률이 높다는 것을 알았습니다. 그 이후에는 처음부터 리더의 역할을 자주 맡아 팀원들에게 역할을 분배하고, 많은 사람이 꺼리는 발표를 하겠다고 자처하는 등 적극적인 태도로 팀 프로젝트에 임했습니다. 물론 지도자가 된다고 해서 많은 권력을 쥐었다고 생각하지 않고, 구성원들 간의 의사소통을 통해 불평을 줄이는 지도자가 되기 위해 노력했습니다. 이러한 다른 사람들과의 협업할 때의 제 마인드로 인해 최우수팀에만 수여하는 Best Team Player 상을 두 번이나 받게 되었습니다.

자소서 문항은 『최근 5년 이내에 직면했던 삶의 어려움이 무엇이었으며, 그것을 어떻게 극복하였는지 기술하시오.』입니다. 취준생은 자소서의 제목을 〈태도 변화로 인한 성장〉이라고 썼네요. 회사가 취준생에게 쓰기 바라는 내용은 어려움의 극복입니다. 회사의 업무 중에 감정노동으로 발생하는 어려움이 많은 것 같습니다. 업무에서 오는 감정 문제를 극복하는 것이 중요한 업무역량이겠지요. 자소서를 쓰려면 자기 삶에서 마주쳤던 어려움과 이를 해결하기 위해 고민한 노력 그리고 해결한 방법을 써야 합니다. 어려움은 사람을 상대하면서 겪는 감정노동의 애로점을 쓰면 훌륭한 소재가 되겠죠.

취준생은 자소서 문항을 제대로 이해하지 못하였기에 엉뚱하게 리더의 역할과 협업을 썼습니다. 문항에서 질문한 삶의 어려움과 극복의 과정이 전혀 보이질 않습니다. 자소서 문항을 꼼꼼히 살펴보고, 문항에 맞게 글을 써야 합니다.

이 문항을 쓰려면 다음의 구조로 자소서를 써야 합니다.

1. 사람과의 관계에서 직면한 삶의 어려움
2. 삶의 어려움의 원인은 이것이다.
3. 어려움의 극복 방법을 생각했다.
4. 어려움의 극복 방법을 실행했다.
5. 어려움이 극복되었다.
6. 이 과정에서 ~~ 능력을 배웠다.

첨삭 코칭 이후 재작성

심야전기 보일러용 계량기 봉인 작업을 하게 되었습니다. 천여 세대의 가구를 방문하여 전신주 번호를 찾고 설명과 함께 작업하는 것은 매우 어려웠습니다. 특히 연세 많은 어르신들의 불편과 거부감이 큰 문제였습니다. 어렵게 찾은 가정인데 설명을 듣지도 않으시고 나라에서 세금을 올리기 위해 괜한 일을 한다고 원망하시거나 심지어 듣기 힘든 욕설을 하실 때도 있었습니다. 어르신들의 마음을 이해할 수는 있었지만 어린 마음에 너무 속상하고 점점 의욕을 잃어갔습니다. 그러나 마음을 다잡으면서 친근하게 다가가는 방법을 고민했습니다. 어르신들의 거부감을 해소하기 위해 먼저 "작업하러 왔습니다." 성의없는 말 대신 "어르신 그동안 안녕하셨어요."로 인사를 했더니 점차 욕을 하는 분이 사라지고, 친근한 분위기에서 작업을 진행할 수 있었습니다. 이를 계기로 말 한마디가 고객의 태도를 바꿀 수 있다는 것을 배웠습니다.

2. 시작부터 바로 자신의 이야기를 쓰자.

자소서를 읽는 채용 담당자가 알고 싶은 것은 취준생 개인의 이야기입니다. 서두에 인터넷으로 검색하면 누구나 알 수 있는 내용을 쓰지 마세요. 기업에 대해 주절주절 설명하지 마시고 바로 자기 이야기를 쓰세요. 자소서 처음부터 자신의 업무역량을 보여줘야 합니다.

많은 항공사 중 □□항공에 지원하게 된 동기와 이를 위한 본인의 구체적인 노력에 관해서 기술해 주십시오.

꾸준한 성장을 보이며 앞으로가 더욱 기대되고 발전해 나아가는 □□항공의 모습을 보면서 □□항공의 일원이 되고 싶다고 생각하였습니다.
(바로 들어가야 합니다. □□항공에 입사하기 위해 ~~한 교육을 배웠습니다.)

□□항공은 우리나라 항공시장에 진출한 후로 해를 거듭할수록 연 매출과 항공기 대수가 꾸준히 증가해왔고 차세대 항공기 도입과 올해 한국 소비자 평가 최고의 브랜드 항공사 부문 수상을 하면서 우리나라 대표적인 항공

사가 되었습니다. 또한 국제항공운송협회로부터 항공운송 표준평가제도인 'IOSA 9th Edition' 인증을 받고 LOSA 운영위원회 설립과 FRMS 도입을 통해 안전을 최우선시하고 고객에게 안전하고 즐거운 여행을 제공하며 신뢰를 쌓는 □□항공을 보며 □□항공의 조종사가 된다면 애사심과 자부심을 가질 수 있을 것으로 생각하였습니다.

전형적인 떨어지는 자소서 유형입니다. 회사의 상황은 취준생보다 기업에서 근무하는 재직자가 훨씬 더 많이 알고 있습니다. 또한 취준생이 쓴 회사의 상황은 인터넷으로 확인하면 누구나 다 알 수 있는 내용입니다. 이런 글은 절대 쓰지 마세요. 글자 수를 맞추기 위한 꼼수로 보입니다. 자소서는 철저하게 자신의 업무역량을 글로 써야 합니다.

첨삭 코칭 이후 재작성

처음부터 이렇게 바로 시작합니다. 자신의 업무역량이 확 드러나야 합니다.

많은 항공사 중 □□항공에 지원하게 된 동기와 이를 위한 본인의 구체적인 노력에 관해서 기술해 주십시오.
□□항공의 조종사라는 꿈을 이루기 위해서 ○○대학교 비행교육원에서 제공하는 체계적인 비행교육과 비행 전문 지식을 배웠으며 조종사로서 갖추어야 할 올바른 인성과 태도에 대해서도 배웠습니다. 또한 ○○대학교 □□□비행교육원에서 FAA 계기한정증명, 다발 사업용 조종사 자격증명, 제트

한정증명을 취득하면서 국제적인 감각과 비행 역량을 키우는 경험을 쌓았습니다.

3. 성공한 경험을 써라.

실패를 극복하고 성공한 경험이 곧 업무역량입니다. 자소서의 합격은 업무역량을 제대로 보여줄 때 가능합니다. 자신의 업무역량이 드러나도록 써야 합니다. 실패로 끝난 경험이 아니라 성공한 경험을 보여주세요.

성장과정을 쓰시오.

"진통제로 레벨업"

(제목은 자소서 전체 내용을 함축하고 있어야 합니다. 자소서의 내용과 제목이 일치하지 않습니다. 내용에 맞게 고쳐야 합니다.)

육군 장교 후보생으로 훈련소에 입소하였습니다. 주특기는 정보보안이었습니다. 동기들과 함께 열심히 훈련에 임하였습니다. 발의 뼈에 금이 가면서 한 발자국도 걷기 힘들었고 고통스러웠습니다. 임무를 충실히 하고자 매일 진통제를 복용하며 유격훈련과 100㎞ 행군 등을 견뎠습니다.

(자신의 군 주특기가 정보보안이라고 썼습니다. 이후의 자소서 내용도 정보보안과 연관성이 있어야 한다. 유격훈련은 정보보안과 관련이 없습니다.)

그러나 달리기 합격 커트라인을 통과하지 못해 병사로 쫓겨났습니다. 하지만 고통과 좌절이 앞에 있더라도 일단 끝까지 행하는 사람입니다. 고통을 못

견디면 다음 목표를 달성하기 어렵습니다.

(좌절과 실패가 아닌 성공과 성취를 이룬 경험을 써야 합니다. 그렇게 했을 때, 훨씬 설득력 있는 자소서가 될 것입니다.)

버락 오바마가 "지금 달린다면 패배할 가능성이 있지만, 달리지 않는다면 패배한 것입니다."라고 말했습니다. 뼈를 깎는 한이 있더라도 목표를 향해 정진할 것입니다.

(위의 내용과 관련 없는 결론입니다. '뼈를 깎는' 이런 표현은 너무 진부합니다.)

자소서는 성공한 경험을 보여줘야 합니다. 실패한 경험은 절대 쓰지 마세요. 시작하면 어떻게든 끝을 내서 성공한 프로정신을 보여주도록 합니다. 사람은 어려움을 극복하고 성공한 스토리를 아주 좋아합니다. 특히 기업이라면 더욱 취준생의 성공한 경험을 원합니다.

자기 삶에서 역경을 극복하고 성공한 최근 사례를 자세하게 적어보세요. 특히 심리상태가 어떻게 변화했는지를 꼭 씁니다. 군대에서 겪었던 경험보다는 취업하려는 회사 업무에 걸맞고, 자신이 맡아 성공시킨 정보보안 관련 프로젝트를 선택하세요. 동료들과 함께 진행했던 프로젝트에서 자신이 한 역할을 쓰면 됩니다. 프로젝트를 진행하면 필연적으로 팀원과의 갈등이 발생합니다. 이를 극복하고 성과를 낸, 경험을 쓰면 면접관을 설득할 수 있는 자소서가 될 것입니다.

첨삭 코칭 이후 재작성

"포기란 없습니다. 패배도 없습니다."

캡스톤 디자인 작품으로 GNS3를 이용한 가상 네트워크 환경을 구축했었습니다. 의기투합한 팀원들이 의욕적으로 프로젝트를 시작했습니다. 막상 프로젝트를 진행하니 온갖 버그가 나타나 프로젝트가 여러 번 충돌했습니다. 심지어 다 날아가 처음부터 다시 하는 경우가 다반사였습니다. 팀원들의 불만이 폭주하고 새 프로젝트를 찾자는 의견이 분분했지만, 묵묵히 진행했습니다. 팀원 간에 발생할 수 있는 충돌을 예방하고자 다독이며 '할 수 있다'라는 자신감을 불어넣었습니다. 마감 기한 전까지 프로젝트를 완성할 수 있었고 '해낼 수 있다'라는 자신감을 얻었습니다. 처음 프로젝트를 시작할 때 막막했지만 팀원들과 함께 해결 방법을 모색하고 의견을 제시하는 과정에서 해결 방법을 찾을 수 있었습니다. 앞으로 어떤 프로젝트를 할지라도 해낼 수 있다는 자신감을 얻었습니다.

4. 임팩트 있는 하나를 선택하라.

입사하려는 곳에서 원하는 것은 업무능력입니다. 업무역량을 제대로 보여줄 수 있도록 자신의 경험 중에 장점과 성공이 잘 드러나는 딱 하나만 선택합니다. 이것저것 나열하지 말고 하나를 선택하여 집중적으로 보여줍니다. 업무역량을 잘 나타낼 수 있는 경험을 자세하게 설명하고, 이 경험으로 느낀 점과 배운 것을 쓰면 됩니다.

체육대학입시교육원에서 7개월 동안 훈련 코치와 시설관리 업무를 하였습니다. 학원의 특성상 몸을 많이 움직이고 여러 기구를 여러 명의 학생이 번갈아 사용하기 때문에 위생이 매우 중요합니다. 이를 위해 살균력이 있는 제품으로 기구, 특히 손으로 잡는 부분을 항상 소독하여 청결하게 관리하였습니다. 또한, 장비들에 문제나 망가진 부분은 없는지 파악하여 수리해 사용에 문제가 없게 하였습니다.

학생들이 입시에 합격하기 위해서는 각각의 항목에서 높은 등급이 나와야 합니다. 학생들의 훈련을 위해 개인별로 맞춤형 지도를 위해 기록 카드를 작성하고 피드백을 시행하였습니다. 왕복달리기에서 기록이 나오지 않는 학생이 있었습니다. 만점을 받으려면 8초 이하로 나와야 하는데 그 학생은 8.5초가 나왔습니다. 보통 남자는 일곱 발 여자는 아홉 발을 사용하여 반대편에 도착합니다. 그 이유는 남자와 여자의 보폭에 차이가 있기 때문입니다. 남자가 여자보다 보폭이 크기 때문에 일곱 발을 사용합니다. 그 학생 역시 남자이기 때문에 당연히 일곱 발을 사용했습니다. 하지만 기록이 나오지 않자 저는 평소 그 학생이 걷는 모습을 보면서 보폭이 일반 남자들보다 짧은 것이 문제라고 생각했습니다. 그래서 아홉 발을 적용하면 되리라 판단했습니다. 다음 수업 시간에 학생에게 아홉 발로 뛰어볼 것을 권했고 학생이 실행하고 점점 기록이 좋아지는 것을 볼 수 있었고, 결국 만점을 받을 수 있게 되었습니다.

또한, 부상이 잦은 허리와 다리의 부상 방지를 위해 수업이 끝나고 바르는 소염진통제를 사용하여 허리와 허벅지 종아리 등을 마사지해 근육 손상 방지와 회복에 도움을 주었습니다. 모든 업무는 사전에 정확한 실행과 문제 발생 시에 대처할 계획이 있어야 합니다. ○○○체육회에서 치러지는 많은 행사도 업무와 일정에 대한 실행 방법이 준비되어 있다면 행복하고 안전하게 치를 수 있다고 생각합니다.

이 자소서에 스토리는 3개입니다. 학원 시설관리와 학생 지도 그리고 부상 방지입니다. 3개의 스토리로 쓰니 산만하고 연결이 잘되지 않습니다. 읽기에 불편합니다. 스토리가 잘 연결되어 논리 있고 흐름이 매끄러운 자소서가 읽기에 편합니다.

자소서를 쓰기에 가장 적절한 스토리는 어려움이 닥치면 문제점을 파악하고 이를 해결한 스토리가 가장 적절합니다. 체육대학입시교육원의 업무에 맞게 학생을 지도하여 입학을 성공시킨 사례를 선택하여 자소서를 다시 쓰도록 했습니다.

첨삭 코칭 이후 재작성

정확히 문제를 파악하면 해결책을 찾을 수 있습니다.

체육대학입시교육원에서 7개월 동안 훈련 코치와 시설관리 업무를 하였습니다. 입시에 합격하기 위해서는 각각의 항목에서 높은 등급이 나와야 합니다. 학생 개인별로 맞춤형 지도를 위해 기록 카드를 작성하고 피드백을 시행하였습니다. 하지만 왕복달리기에서 기록이 나오지 않는 남학생이 있었습니다. 만점을 받으려면 8초 이하로 나와야 하는데 학생은 8.5초에 머물렀습니다. 남, 여 간의 보폭 차이로 보통 남자는 일곱 발, 여자는 아홉 발을 사용하여 반대편에 도착합니다. 학생은 일곱 발을 사용했습니다. 하지만 기록이 나오지 않자, 평소 그 학생이 걷는 모습을 보며 보폭이 일반 남자보다 짧은 것이 문제라 생각했습니다. 아홉 발을 뛰면 될 것이라 판단했습니다. 다음 수업에 학생에게 아홉 발로 뛸 것을 권했습니다. 학생이 아홉 발에 적응하면서 점점 기록이 좋아졌고, 마침내 만점을 받았습니다.

성과가 나오지 않는 일을 무작정 반복한다고 실력이 향상되는 것은 아닙니다. 무엇이 문제인지를 정확히 파악하고 그에 맞는 대안을 강구하고, 합당한 시행이 있을 때 분명한 성과를 얻을 수 있습니다. 체육회의 업무도 사전에 정확한 실행과 문제 발생 시에 대처할 계획이 있어야 합니다. ○○○체육회에서 치러지는 많은 행사도 업무와 일정에 대한 실행 방법이 준비되어 있다면 행복하고 안전하게 마칠 수 있다고 생각합니다.

처음부터 업무역량을
보여주자

자소서 쓰기가 어려운 것은, 취준생 대다수가 자소서 쓰는 방법을 모르기 때문입니다. 자소서를 잘 쓰려면 '무엇을 글로 표현할지'와 '자소서의 구조는 어떻게 되어있는지'를 명확히 알아야 합니다.

자소서를 읽는 사람이 가장 파악하고 싶은 내용은 업무역량입니다. 입사하면 일 잘할 능력이 있는가를 알기 위해서죠. 취준생은 무조건 자신의 업무역량이 잘 드러나도록 써야 합니다. 역량이라고 거창한 것이 아닙니다. 어려움을 극복하고 성과를 낸 경험이면 충분합니다.

자소서는 분량의 차이가 있을지라도 구조적으로는 비슷하죠. 분량 면에서 다를 수 있지만, 자소서의 구조를 이해하면 대부분의 자소서를 쉽게 쓸 수 있습니다.

1. 나에게는 ~~한 업무역량이 있다.

2. 업무역량은 언제, 어디서 ~~한 공부와 일, 체험으로 얻었다.

3. 이 역량으로 입사하면 ~~한 업무를 하고 싶다.

4. 업무를 하여 ~~한 성과를 얻을 수 있다.

'주인의식'과 '의사소통 능력'을 겸비한 엔지니어

4-2학기에 수강한 '화공종합설계'과목에서 'DPCU 설계'라는 주제로 공정 설계 프로젝트를 진행했습니다. 협의를 통해 팀원들과 공정을 3개의 section으로 구분하였고 balance 계산, 장치의 stage수 계산, UNISIM 프로그램 구현 등으로 세부 업무를 분담하였습니다. 그 결과 recycle 위치에 따른 공정을 비교하여 마감일까지 성공적으로 최종 공정을 완성했습니다.

생산기술 엔지니어는 공정의 issue를 인식하고 공정 설계, 경영지원, 품질 등 다른 부서와의 협업을 통해 문제를 해결할 수 있는 능력이 중요한 직무라고 생각합니다. 전공 프로젝트 경험을 살려 효율적인 소통을 바탕으로, 팀워크를 통해 최적의 방안을 도출하도록 노력하는 유기적인 엔지니어가 되겠습니다.

또한 안정적인 공정 운영을 위해 책임감은 필수입니다. ○○○○년 ○월, 고전류가 흐르는 '심야전기 계량기 봉인 작업' 아르바이트를 했습니다. 내 고장의 대형 사고를 막을 수 있다는 책임감을 느끼고 작업에 임했습니다. 또한 새로운 곳에서 배운다는 능동적인 자세로 임해 주어진 기간 내에 작업량을 모두 완료했습니다.

책임감을 넘어 주인의식으로 공정에 대한 체크리스트뿐만 아니라 그 외적인 요소도 꼼꼼히 찾아내고 발견한 사항을 DB화하여 가이드라인을 만드는 능동적인 엔지니어가 되겠습니다.

주인의식과 의사소통이라는 직무역량을 자기 전공과 아르바이트 경험으로 보여주는 자소서입니다. 자신이 경험한 전공 공부와 학교생활, 아르바이트 중에 업무와 관련된 내용을 쓰면 됩니다.

10년 후 회사 내 본인의 모습을 그려보세요.

'KCC EGIS의 보이지 않는 선수가 되겠습니다.'
흔히 농구팀은 선수, 코칭 스텝, 팬, 그리고 치어리더와 같은 응원단으로 구성되어 있다고 말합니다. 그러나 이러한 구성원들과 달리 경기장에서 활약하지 않는 서포터의 역할도 역시 중요하다고 생각합니다. 따라서 10년 후, 이러한 농구단 지원의 전문가가 되도록 하겠습니다. 10년 후, 제가 가지고 있는 어학과 타 문화를 이해하는 능력을 지속해서 발전시켜 외국인 선수 스카우트 관련 업무에 사용하고 있을 것 같습니다. '머니볼'이라는 영화를 본적이 있습니다. 약체 야구팀이 승리하기 위해 감독이나 선수가 아닌 프런트의 역할이 얼마나 중요한지에 관한 내용이었습니다. 비록 이 영화에서처럼 머니볼 이론을 적용해 프런트 업무를 볼 수는 없겠지만 프런트로서의 중요성을 깨달을 수 있었습니다. 만약 입사하게 된다면 이러한 운영의 마스터가 되어 ○○○의 승리에 이바지하도록 하겠습니다. 또한 지속적 관심과 저 자신의 스포츠학습을 통해 이 분야의 전문가가 되도록 할 것입니다.

입사 후에 업무역량을 발휘해서 성장한 10년 후, 자기 모습으로 보여주는 자소서입니다.

업무역량을 살려 합격하는 자소서로 1

자소서를 쓰기 전에 문항에서 요구하는 것이 있습니다. 무엇을 쓰라고 하는지 잘 파악하고 반드시 써야 합니다. 자소서를 쓸 때, 부연 설명을 많이 하거나 핵심을 벗어나면 글의 힘이 빠지고 읽는 사람이 피로감을 느낍니다. 가장 중요한 것은 처음부터 바로 자신이 경험했던 것을 자소서 문항에 맞게 바로 써야 합니다. 그래야 임팩트 있는 자소서가 될 수 있습니다. 컨설팅 사례를 보도록 하겠습니다.

자소서 사례 1

지원하는 동기와 직무에 적합한 이유를 작성하여 주십시오.

> 배터리 시장은 빠르게 변화하고 있으며 혁신적인 기술의 개발이 필수적입니다. 하지만 이를 위해서는 신뢰할 수 있는 시험 평가가 뒷받침되어야 한다고 생각합니다. OOO은 이러한 신뢰성 있는 시험 평가를 통해 소비자와 기업들에 종합적인 판단 자료를 제공하는 대표적인 기관입니다.

지원하는 동기를 묻는데, 회사가 하는 일을 설명하고 있습니다. 읽는 사람이 피곤해집니다. 바로 『저는 OOO에서 ~~한 일을 하고 싶어 지원했습니다. 이러한 동기를 얻게 된 동기는 ~~일을 하면서 얻었습니다. ~~일을 통해 제가 배운 것은 ~~입니다. 이를 좀 더 연구하고 싶어서 OOO에 지원합니다』로 들어가야 합니다.

'배터리 시장이 빠르게 변화하고 혁신적인 기술이 필수'라는 이야기는 누구나 다 아는 사실입니다. 쓸데없는 군더더기입니다. '시장이 어떻다, 기술이 어떻게 변화하고 있다, 경쟁이 치열하다.' 이런 이야기 쓰지 말아야 합니다. 회사에 근무하는 임직원이 취준생보다 훨씬 잘 아는 내용입니다.

첨삭 후 재작성

> 대면적 전극 공정 최적화 경험이 있어 해당 공정에 역량을 발휘하여 공정성 안정화, 전기화학적 성능 향상에 이바지하고자 합니다. 학부와 석사 과정 동안 약 3년간 합성한 소재들의 분석을 위해 전극을 제조하면서, 믹싱 정도, 점도, 코팅 속도 등 여러 관점에서 해결해야 하는 공정의 어려움을 경험하였습니다.

업무와 관련 없는 불필요한 이야기는 쓰지 말아야 합니다. 자소서는 글자 수가 한정되어 있습니다. 미주알고주알 쓰다 보면 스토리가 허접해집니다. 처음부터 바로 질의에 맞게 답을 쓰도록 합니다.

자소서 사례 2

본인 스스로 자신의 발전을 위해 지속해서 노력하고 있는 부분과 이러한 노력이 ○○의 어떤 직무에서 긍정적인 결과를 가져올 수 있는지 사례를 들어 기술하시오.

저는 고등학교를 졸업한 후 첫 대학교 진학을 결정할 때 자신의 관심사와는 관계없이 오직 성적에 맞춰서 화학공학이라는 분야를 전공하게 되었습니다. 하지만 오로지 성적에 맞춰서 대학교 전공을 선택해서 그런지 시간이 지날수록 점점 학과 공부에 흥미를 잃게 되었고 그 잃은 흥미는 부진한 학점관리로 이어지게 되었습니다. 성적에 맞춰서 온 전공을 억지로 1년 동안 공부한 후 정말 이대로 가면 내가 흥미가 없는 전공을 계속 공부해야 하고 잘하질 못할 것 같다는 생각이 들게 되었습니다.

문항의 질의를 올바로 파악하지 못한 자소서입니다. 자소서의 문항을 보면 [자신(개인)의 발전을 위해 지속해서 노력하고 있는 부분과 그 노력이 ○○의 직무를 수행할 때 능력 발휘가 될 수 있는지]를 써야 합니다. 자신이 맡고 싶은 직무를 먼저 선택하고, 이를 잘하고자 긴 시간 동안 노력한 것을 보여주면 됩니다.

첨삭 후 재작성

○○ 교육지원 부서에서 조합원의 복지 및 서비스 향상에 기여하고 싶습니다. 이를 이루고자 □□관련 학과에 편입했습니다. 편입 과정도 어려웠지만, 학과에 적응하는 것이 더 힘들었습니다. 처음부터 전공을 배운 동기들과는 다르게 전공 수업을 따라가는 것이 힘들었습니다. 특히 □□경제학이 너무나도 생소하여 공부하는 것이 정말 힘들었습니다. 이를 극복하기 위해 남들과 다른 방법이 필요하다는 것을 깨달았습니다. 과제 및 시험을 볼 때, 학점만

이 아니라 전공을 완전히 이해하려고 공부하였습니다. 개념과 맥락이 이해
되지 않는 부분은 관련 서적이나 인터넷으로 찾아가며 공부했습니다.

    지원자가 자소서를 처음 쓸 때 글자 수에 딱 맞게 쓰는 것은 생각처럼
쉽지 않습니다. 일단 최대한 많은 분량을 써야 합니다. 그다음 핵심을 벗
어나는 내용을 글자 수에 맞게 삭제하면 됩니다. 업무역량이 살아나는
내용만 남기고 부차적인 것은 다 삭제합니다.

자소서 사례 3

본인의 보유 역량을 기술하시오.

제가 지원하는 분야는 기획총무과입니다. 기획총무과는 인사, 회계, 예산,
문서관리, 각종 규정의 제정, 개정, 각종 위원회 운영, 업무용 차량 관리 및
운영, 사무국 운영, 계약 및 검수 등 다양한 업무를 하고 있습니다. 저는 기
획총무과에 맞는 꼼꼼한 성격과 세무회계 능력, 컴퓨터활용 능력, 차량 운영
능력을 갖추고 있습니다. 이러한 능력을 키우기 위해 세무회계 자격증, 컴퓨
터활용능력 자격증, 운전면허를 취득하고 스포츠마케팅, 스포츠경영학 수업
을 들었습니다. 세무회계자격증을 취득하기 위해 독학을 시작했습니다. 아
무래도 처음 공부하는 분야이다 보니 쉽지 않았지만 재미있었습니다. 하지
만 다른 부분보다 원가관리나 연말정산 부분은 독학으로는 어려워 학원에
다니게 되었습니다. 학원에서의 수업을 들으면서도 어려운 부분이 있어 저
는 수업 전후로 남아서 선생님들에게 질문하고 최근 5년 치의 시험자료를
찾아보았습니다. 그 결과 높은 점수로 합격하여 자격증을 취득할 수 있게 되

었습니다.

『○○○체육회는 시민의 세금으로 운영되는 공공기관이기 때문에 다른 회사보다 투명하고 정직하게 자금이 관리되어야 한다고 생각합니다. 또한, 추후 경영성과를 파악하고 공시와 감사에 문제가 없게 하려면 세무회계 관련 능력이 필요하다고 생각합니다.』 저는 어려서부터 꼼꼼하다 섬세하다 정확하다는 말을 들어왔습니다. 저의 성격이 그러하기 때문입니다. 매사에 완벽을 추구하고 작은 일이거나 큰일이거나 항상 완벽하게 처리하려고 합니다. 그래야 나중에 수정할 일을 만들지 않고 수정하더라도 빠르고 쉽게 할 수 있기 때문입니다. 『사회와 조직의 구성원으로서 맡은 임무를 다하고자 노력해왔고, 앞으로도 최선을 다하고 싶습니다. ○○○체육회에서 사원들이 행정을 신뢰하고 다른 사람과의 화합을 통해 실수 없는 일 처리로 회사의 규칙과 법규를 준수하여 공익을 해치지 않게 원활한 업무 진행에 이바지할 수 있도록 최선을 다하겠습니다.』

체육회에 지원한 분야에 맞는 자신의 업무능력을 기술하여야 합니다. 좋아하고 스스로 공부했던 회계를 부각한다면 자신만의 업무능력이 잘 발휘될 수 있을 것으로 생각합니다.

처음부터 이렇게 써보세요.

『○○○체육회는 시민의 세금으로 운영되는 공공기관이기 때문에 다른 회사보다 투명하고 정직하게 자금이 관리되어야 한다고 생각합니다. 또한, 추후 경영 성과를 파악하고 공시와 감사에 문제가 없게 하려면 세무회계 관련 능력이 필요하다고 생각합니다.~~』

마지막 밑줄 친 내용은 빼도록 합니다. 전형적인 떨어지는 자소서 유형입니다. 본인의 보유 역량과 전혀 관련 없는 내용입니다.

첨삭 후 재작성

숫자로 소통하는 체육인이 되고자 합니다.

○○○체육회는 국민의 세금으로 운영되는 공공기관입니다. 국가 재정이 사용되기에 투명하고 정직하게 자금이 운용, 관리되어야 합니다. 회계로 경영 성과를 파악하고, 재정 지출과 집행을 할 수 있습니다. 투명한 회계는 경영의 밑받침입니다.

스포츠를 좋아하여 체육과에 진학하여 스포츠마케팅과 스포츠경영학을 공부하면서 회계과목을 알게 되었습니다. 어려서부터 꼼꼼하고 정확한 것을 좋아하여 완벽하게 일 처리를 하려고 노력했습니다. 스포츠도 회계를 활용하면 경영을 잘할 수 있다는 것을 알았습니다.

회계는 숫자로 말합니다. 숫자는 꼼수와 거짓을 허용하지 않습니다. 회계를 통해 체육회가 어떻게 경영했는지 성과를 정확히 파악할 수 있습니다. 정확하고 투명하게 회계로 성과를 보여준다면 회원과 외부로부터 지지를 받을 수 있습니다.

업무역량을 살려 합격하는 자소서로 2

첫 번째입니다. 성장 과정을 쓰라고 하는군요. 자신이 살아온 삶의 여정에서 회사의 업무에 맞는 경험을 보여줘야 합니다.

1. 자신의 성장 과정을 쓰시오.

"진통제로 레벨업"
정보보안 특기로 공군 장교후보생에 입대한 적이 있었습니다. 동기들과 열심히 훈련에 임하였는데 발에 있는 뼈가 깨지면서 한 발자국도 걷기 힘들 정도로 고통스러웠습니다. 하지만 매일 진통제를 복용하면서 유격, 100km 행군 등을 견뎠습니다. 결과는 달리기 합격 커트라인에 못 들어와 병사로 쫓겨났지만 고통과 좌절이 앞에 있더라도 일단 행하는 사람입니다. 고통을 못 견디면 다음 목표를 달성하기 어렵습니다. 버락 오바마도 "지금 달린다면 패배할 가능성이 있지만, 달리지 않는다면 패배한 것입니다."라고 말했습니다. 뼈를 깎는 한이 있더라도 목표를 향해 정진할 것입니다.

읽어본 느낌이 어떤가요? 이 자소서는 성공의 경험이 아니라 실패한 사연을 썼습니다. 여러분이 채용담당관이라면 '우리 회사에 들어오려는 사람이 실패한 스토리를 썼다'면 어떻게 생각하겠습니까? 사람들이 가장 좋아하는 스토리는 실패를 극복하고 성공한 이야기입니다. 어렸을 때, 애니메이션을 봤을 것입니다. 주인공이 처음에는 엄청나게 수세에 몰리고 어려움에 처합니다. 하지만 다시 결심하고 힘을 내어 훌륭하게 악당을 물리칩니다. 단순하지만 이와 같은 스토리 구조를 사람들이 가장 좋아합니다. 당신도 고난을 극복하고 성공하는 스토리를 활용해야 합니다.

이렇게 지도하였습니다.

성공한 경험으로 대체하면 어떨까요? 사람들은 어려움을 극복하고 성공한 것에 흥미를 보입니다. 특히 기업이라면 더할 것 같습니다. 자기 삶에서 역경을 극복하고 성공한 최근의 사례를 자세하게 적어봅니다. 특히 심리상태가 어떻게 변화했는지를 최대한 많이 쓰세요. 면접에 엄청나게 도움이 됩니다.

첨삭 후 재작성

> 1. 자신의 성장 과정을 쓰시오.
>
> "포기란 없습니다. 패배도 없습니다."
> 캡스톤 디자인 작품으로 GNS3를 이용한 가상 네트워크 환경을 구축했었습니다. 팀원과 함께 그림을 그렸을 때는 누워서 떡 먹기처럼 보였지만 막상 진행하다 보니 온갖 버그가 발생하여 프로젝트가 여러 번 충돌했습니다. 심지어 다 날아가서 0에서 시작하는 경우가 일쑤였습니다. 팀원들의 불만이 폭주하고 새 프로젝트를 찾자는 의견이 있었지만, 묵묵히 진행했습니다. 팀원 간의 충돌을 예방하기 위해 다독이고 극복할 수 있다는 자신감 하나만으로 똘똘 뭉쳤습니다. 결국에는 마감 기한 전까지 프로젝트를 완성할 수 있었고 불화 없이 마쳤습니다. 프로젝트를 처음 맡았을 때, 앞이 깜깜했습니다. 머리를 싸매고 부딪히다 보니까 안개가 걷히고 빛이 보였습니다. 앞으로 어떤 프로젝트를 맡아도 해낼 수 있다는 자신감이 제 안에 강하게 자리 잡고 있습니다.

두 번째 항목입니다.

> 2. 자기 성격의 장점과 단점을 적으시오.
>
> "두더지처럼 파고들기"
> 멀티태스킹이 제겐 약점입니다. 일을 하고 있다가 너무 심취한 나머지 팀장님께서 저를 부르는 목소리를 왜 못 들었냐면서 답답하실 때가 많았습니다. 일에 우선순위를 놓는 게 보통이라며 가르침을 받았지만, 성격상 힘들었습니다. 시간이 지나면서 저에 대해서 파악하셨는지 그때부턴 알맞은 일을 주셨습니다. 시 사업계획서를 작성하면 팀장님이 발표하셨고 ERP 데이터베이스를 관리하며 직원분들의 메뉴얼 이해와 상품관리 등을 도맡았습니다.
> 주어진 한 임무를 완수하지 않으면 걱정이 되고 잠을 못 잡니다. 제게 있어서 생존 욕구와 같습니다. 밥을 굶고 잠을 포기하며 시간을 쪼개서 일을 끝내야 마음이 편안해집니다. '보기 좋은 떡이 먹기도 좋다'라는 속담처럼 다른 사람도 쉽게 맡아서 할 수 있도록 깔끔한 정리와 자세한 설명을 항상 덧붙였습니다. 앞으로도 맡은 일을 꼼꼼히 완수하고 지나온 길을 닦아놓는 두더지가 되겠습니다.

'두더지처럼 파고들기'는 긍정적인 이미지보다 부정적인 느낌을 강하게 줄 것 같습니다. 두더지가 직장인의 아이콘이 되기에는 부족하죠. 첫인상이 좋아야 하듯, 자소서는 첫 문장이 매력적이어야 합니다. 그래야 면접관이 끝까지 읽습니다. 전체적인 내용을 보면, 몰입이라는 키워드를 활용하여 자소서를 쓰면 좋겠습니다. 단점을 앞에 내세우기보다 장점을 먼저 쓰고 단점을 후에 쓰도록 하겠습니다. 처음부터 부정적인 모습을 보이는 것은 채용담당자에게 안 좋은 인상을 주기 쉽습니다. 자소서를 쓰는 것이 힘들다면 다음의 구조로 글을 써봅시다.

- "몰입하여 끝까지 결말을 보는 것이 최대 장점입니다."
- 언제 어느 곳에서 ~~한 일을 하였습니다.
- 우리 팀의 과제는 ~~이었습니다.
- 팀장님께서 저에게 맡겨주신 임무는 ~~이었습니다.
- 이를 해결하기 위해 제가 생각한 것은 ~~이었습니다.
- 이를 해결하기 위해 주어진 한 임무를 완수하지 않으면 걱정이 되고 잠을 못 잡니다. 제게 있어서 생존 욕구와 같습니다. 밥을 굶고 잠을 포기하며 시간을 쪼개서 일을 끝내야 마음이 편안해집니다.
- 가끔은 몰입이 지나쳐서 ~~한 문제가 있기도 하였습니다. 그렇지만 이 단점을 ~~에 활용하였더니 ~~한 좋은 결과가 나왔습니다.

첨삭 후 재작성

2. 자기 성격의 장점과 단점을 적으시오.

"몰입하여 끝까지 결말을 보는 것이 최대 장점입니다. "

○○○○년도 □□□에서 ERP 시스템을 관리하는 일을 맡았었습니다. 우리 팀의 과제는 복잡한 ERP 시스템을 어떻게 하면 임원 및 나이 드신 직원들이 쉽게 사용할 수 있도록 교육하는 일이었습니다. 팀장님께서 저에게 맡겨주신 임무는 교육자료를 만드는 것이었습니다. 이를 해결하기 위해 제가 생각한 것은 필요한 부분을 단순하고 명확하게 PPT로 작성해서 드리는 것이었습니다. 피드백을 팀장님과 과장님께 받아 부족한 부분을 채워 성공적

으로 교육 메뉴얼을 완성했습니다.

주어진 한 임무를 완수하지 않으면 걱정이 되고 잠을 못 잡니다. 제게 있어서 생존 욕구와 같습니다. 밥을 굶고 잠을 포기하며 시간을 쪼개서 일을 끝마쳐야 마음이 편안해집니다.

가끔은 몰입이 지나쳐서 팀장님께서 절 부르는 목소리를 못 듣는 문제가 있기도 하였습니다. 그렇지만 이 단점을 팀 프로젝트에 활용하였더니 완성도 있는 좋은 결과가 나왔습니다.

단점을 살려 장점으로 훌륭하게 승화시켰습니다. 단점도 관점을 달리하여 바라보면 장점으로 살릴 수 있습니다.

세 번째 항목입니다.

3. 우리 회사에 입사를 지원하는 동기와 입사 이후에 이루고 싶은 포부를 쓰시오.

"경험을 쌓은 최고의 서포터"
학교에서부터 보안관제 장비의 이론과 실제 경험을 통해 외부의 위협으로부터 자산을 지키는데 흥미가 있었습니다. 게이트 방화벽 주니퍼, 웹 방화벽 바라쿠다, 라드웨어 앱솔루트비전 등 다양한 장비를 실제로 다뤄보며 실전 경험을 쌓았습니다. 졸업 전 캡스톤 디자인 때는 GNS3를 이용해 가상 네트워크 환경을 구축하고 공격과 방어를 테스트해 보았습니다. 이렇게 네트워크 및 앤드 포인트의 위협을 예방하는 각종 장비를 배웠지만, 여전히 목이 말라 있습니다. 보안 업계 최고의 전문가분들의 밑에서 노하우를 배우고 싶습니다. 입사하게 된다면 국내 1위를 넘어선 아시아 1위 인포섹이 되도록 선배님들을 도와주며 네트워크 엔지니어에, 인생을 바치겠습니다.

"경험을 쌓은 최고의 서포터"

입사 지원동기와 입사 후 포부를 묻고 있는데 소제목이 별로입니다. 소제목을 쓰는 것은 내가 자소서를 이 방향으로 쓰겠다고 사전에 보여주는 것입니다. 글의 전체 내용을 함축하여 자신의 생각을 바로 보여주는 한 문장이어야 합니다.

'인생을 바친다'라는 마지막 문장도 별로입니다. 너무 진부한 문장입니다. 자신감이 엄청나게 떨어지는 문장이기도 합니다. 구체적으로 무엇을 하겠다는 자신의 포부가 명확하게 드러나야 합니다. 다음을 참조하여 써보도록 합니다.

〈~~〉분야를 좀 더 연구하여 ~~한 것을 하고 싶습니다.
〈~~〉은 앞으로 세상을 이렇게 변화시킬 것이고 이용 고객들에게~~행복을 줄 것입니다.
이 분야의 연구를 좀 더 하고자 ○○○○에 지원하였습니다.

첨삭 후 재작성

3. 우리 회사에 입사를 지원하는 동기와 입사 이후에 이루고 싶은 포부를 쓰시오.

"정보보안의 핵심 기술자가 되고자 합니다."

학교에서부터 보안관제 장비의 이론과 실제 경험을 통해 외부의 위협으로부터 자산을 지키는데 흥미가 있었습니다. 게이트 방화벽 주니퍼, 웹 방화벽 바라쿠다, 라드웨어 앱솔루트비전 등 다양한 장비를 실제로 다뤄보며 실전 경험을 쌓았습니다. 졸업 전 캡스톤 디자인 때는 GNS3를 이용해 가상 네트워크 환경을 구축하고 공격과 방어를 테스트해 보았습니다.

(자신이 지금까지 했던 경험을 업무에 맞게 역량을 잘 표현하고 있습니다. 면접에서 이 부분을 확인하기 위해 질문이 들어올 것이라 예상합니다. 답변 준비 부탁드립니다.)

이렇게 네트워크 및 앤드 포인트의 위협을 예방하는 각종 장비를 배웠지만, 여전히 목이 말라 있습니다.

(면접에서 당신의 미래 모습에 대해 질문한다면, '내가 취업하면 이 분야를 계속해서 연구할 것이다'로 말하세요.)

네트워크를 넘어선 AI 분야를 좀 더 연구하여 정확하고 빠르게 위협에 대응하고 싶습니다. AI는 앞으로 세상을 더 빠른 속도로 발전하게 할 것이고 사람이 분석하는 시간을 아낄 것이며 지능형 위협에도 쉽게 대응할 수 있을 것입니다. 항상 인공지능에 관한 관심을 두고 연구 중이며 이를 응용하기 위해 ○○○○○○에 지원하였습니다.

(기업의 미래와 함께 갈 수 있다는 포부를 잘 보여주고 있습니다. 면접관이 'AI가 어떻게 세상을 변화시키며 회사는 어떠한 준비를 해야 하는지를' 물어볼 것 같습니다. 답변 준비 하세요.)

네 번째 항목입니다.

4. 업무 수행과 관련하여 자신의 장점을 쓰시오.

"막힘 해결사"

분석력이 저의 최대 강점입니다. 현재 파이썬 온라인 강의를 이수하면서 AI 개발을 해보려고 진도를 내고 있는데 어떤 구문에서 버그가 발생하여 막히면 웹 검색을 통해 찾아봅니다. 사람들이 많이 추천하고 버그를 잘 잡아내는 모듈이 있습니다. 모듈을 그대로 사용하겠지만 어떤 방식으로 작동하는지 제 추리를 가미해서 그림을 그려봅니다. 그게 옳은지 강사님께 물어보아 올바른 길로 갔는지 피드백을 받아보고 다른 점이 있으면 다시 그림을 그립니다. 제 것이 되면 다음에 비슷한 방식으로 막혔을 때 금방 머리에서 끄집어내 사용할 수 있게 됩니다. 뛰어난 정보 수집과 모든 경우의 수를 그려보는 창의력으로 막히는 일이 있으면 전화만 주십시오. 시원하게 해결하겠습니다.

(자소서에 쓰기에는 적절하지 않은 표현입니다.)

　

업무 수행과 관련하여 장점이 보이지 않습니다. 입사하고자 하는 기업과 관련한 업무능력이 드러나야 하는데 너무 막연합니다. 전체 내용을 보면 지원자께서 자신의 강점이 분석과 피드백이라 썼습니다. 제목을 보면 "막힘 해결사"입니다. 이는 어떠한 문제든지 쉽게 해결할 수 있는 능력을 갖췄다는 의미입니다. 제목과 아래 문장이 연결되지 못하고 따로 놀죠. 다음과 같이 피드백했습니다.

"분석과 피드백은 업무를 잘할 수 있게 만듭니다."

분석력이 저의 최대 강점입니다. 현재 파이썬 온라인 강의를 이수하면서 AI 개발을 해보려고 진도를 내고 있는데 어떤 구문에서 버그가 발생하여 막히면 웹 검색을 통해 찾아봅니다.

(좀 더 자세하게 설명해주세요. 너무 막연합니다.)

사람들이 많이 추천하고 버그를 잘 잡아내는 모듈(이것도 딱 집어서 어떤 모듈인지 드러내세요.)이 있습니다. 모듈을 그대로 사용하겠지만 어떤 방식으로 작동하는지 제가 생각한 추리를(어떤 추리를 했을지 구체적으로) 가미해서 디자인하였습니다. 이와 같은 방법이 문제 해결을 위해 정확한 것인지 강사님께 물어보아 피드백을 받았습니다. 보다 효율적이고 간편한 방법이 있으면 다시 설계하였습니다. 과제를 완성하기 위해 다양한 피드백을 받는 것은 일을 좀 더 효과적으로 만듭니다.

(문장이 긴 것은 제가 첨삭하면 됩니다. 자세하게 적어주세요.)

취준생이 다시 쓴 자소서입니다.

4. 업무 수행과 관련하여 자신의 장점을 쓰시오.

"분석과 피드백은 업무를 잘할 수 있게 만듭니다."

파이썬 온라인 강의를 이수하면서 AI 개발을 해보려고 진도를 내고 있는데 json을 불러와서 dumping하는 과정에서 버그가 발생했습니다. 스택오버플로우 사이트에 도움을 구하니 generator expression을 이용한 데이터 핸들링이었습니다. 이를 응용하여 공공API를 받아 지역의 영화 순위를 출력할 [대 dict = next((item for item in rmrwkd if item["korNm"] == "광주시"), False)라는 코드를 작성했습니다. next함수를 generator expression로 사용했습니다.

for문이 작동하며 json을 list로 변환시킨 rmrwkd 데이터에서 korNm(한글 지역명)이 "광주시"인 반복 가능한 객체 즉, 이터레이터를 찾는 그것으로 생각했습니다. 강사님께 피드백을 받았더니 비슷했으나 item for item in rmrwkd 구문에서 generator라는 일회용 객체를 만들어 내고 리스트 객체에서 next(iterator, default)라는 함수로 if문에 맞는 데이터만 가져오게 되는 것입니다. (읽어보면 문장이 매끄럽지 않습니다. 이렇게 고치면 어떨까요? '강사님께 피드백 요청했더니 ~~한 방법을 이야기해 줘서 ~~한 결과가 나왔습니다.'로 고치세요.)

이처럼 효율적이고 간편한 방법이 있으면 다시 설계하였습니다. 주어진 과제를 완성하기 위해 다양한 피드백과 자료를 찾아보는 일은 시간을 아끼고 효율적인 코드를 작성할 수 있었습니다. 문제를 정확하게 파악하는 분석력과 이를 해결하기 위해 피드백을 잘 받아들이는 마음으로 낮은 에러율, 높은 가용성과 기밀성으로 단단히 보호된 네트워크를 만들겠습니다.

첨삭 후 재작성

4. 업무 수행과 관련하여 자신의 장점을 쓰시오.

"분석과 피드백은 업무를 잘할 수 있게 만듭니다."

파이썬 온라인 강의를 이수하면서 AI 개발을 해보려고 진도를 내고 있는데 json을 불러와서 dumping하는 과정에서 버그가 발생했습니다. 스택오버

플로우 사이트에 도움을 구하니 generator expression을 이용한 데이터 핸들링이었습니다. 이를 응용하여 공공API를 받아 지역의 영화 순위를 출력할 때 dict = next((item for item in rmrwkd if item["korNm"] == "광주시"), False)라는 코드를 작성했습니다. next함수를 generator expression로 사용했습니다.

for문이 작동하며 json을 list로 변환시킨 rmrwkd 데이터에서 korNm(한글 지역명)이 "광주시"인 반복 가능한 객체 즉, 이터레이터를 찾는 그것으로 생각했습니다. 강사님께 피드백을 요청했더니 generator 일회용 객체로 next(iterator, default) 함수를 사용하는 방법을 자세히 알려주셔서 성공적으로 json 리스트 객체에서 원하는 값을 가져올 수 있었습니다.

이처럼 효율적이고 간편한 방법이 있으면 다시 설계하였습니다. 주어진 과제를 완성하기 위해 다양한 피드백과 자료를 찾아보는 일은 시간을 아끼고 효율적인 코드를 작성할 수 있었습니다. 문제를 정확하게 파악하는 분석력과 이를 해결하기 위해 피드백을 잘 받아들이는 마음으로 낮은 에러율, 높은 가용성과 기밀성으로 단단히 보호된 네트워크를 만들겠습니다.

지원동기와 입사 후
포부 쓰기 코칭

지원동기는 자소서의 첫째 항목입니다. 첫 시작은 중요합니다. 그만큼 잘 써야 합니다. 지원동기는 자소서를 쓸 때, 가장 어려워하는 항목이기도 합니다. 이 항목을 잘 쓰려면 자신이 회사에 입사하겠다고 생각한 계기를 찾아야 합니다. 지원동기는 한 번에 끝내기보다 계속해서 수정 보완해야 합니다.

입사 후 포부는 회사의 업무와 관련하여 장래에 자신이 업무영역에서 전문가로 성장한 모습을 제시하도록 합니다.

제프: 지원동기를 써보셨나요? 취준생이 쓰기 어려워하는 항목입니다. 오랫 동안 생각해야 합니다. 쓰고나서 수정 보완 작업을 계속해야 합니다.

찰리: 그동안 취업에 필요한 스펙을 쌓으려고 학점 맞추고 영어 공부와 한국 사 등을 공부했는데 갑자기 회사 취업이 닥치니 마음만 다급합니다.

제프: 다음의 구도를 생각하면 자소서를 써보세요.

▷ 언제, 어디에서 ~~ 일을 하며 당신 회사에 관심을 가졌다.

▷ ~~을 공부하고 연구하며 업무에 필요한 역량을 키웠다.

▷ 지식과 전문성을 갖추기 위해 공부하고 활동도 했다.

▷ 당신네 회사에 들어가서 ~~한 일을 하고 싶다.

▷ 그 일을 통해 회사에 ~~한 기여를 하겠다.

찰리: 네, 알겠습니다.

첨삭 전 자소서

지원한 이유와 입사 후 회사에서 이루고 싶은 꿈을 기술하십시오.

전자기기와 가전제품 관련 판매업에 종사했을 때, 다양한 브랜드의 제품을 진열했고 자연스레 각 브랜드별 차이점을 매일 관찰할 수 있었습니다. 영업 시간 동안 제품을 시연해야 해서 진열하는 모든 제품이 항상 전원이 인가되어 있는 상태였습니다. 따라서 중간중간 고장이 발생하는 경우가 잦았고 신기하게도 매번 논쟁거리가 될 때마다 오직 삼성 제품만 정상이었습니다. 이에 매력을 느껴 그때부터 귀사에서 일해보고 싶단 꿈을 키우게 되었습니다.

귀사의 제품을 전 세계 어디에서나 볼 수 있기에 완벽한 회사라고 생각됩니다. 그러나 완벽하다는 것은 매번 완벽함을 유지하기 위해 수많은 노력이 이면에 숨겨져 있음을 암시한다고도 생각됩니다. 개인도 법인과 마찬가지로 꾸준한 시행착오가 완벽의 결과물을 만들 수 있다고 생각되어 먼저 배움의 자세로 임할 예정입니다. 중요한 업무를 맡게 되는 시점이 업무에 능숙과 권한의 폭이 넓어지는 신호라고 생각합니다. 이 과정을 마주하게 된다면 새로운 업무를 진행해보고 싶습니다.

제프: 이 자소서 항목은 두 개의 스토리를 작성하여야 합니다. 첫째가 지원한 이유, 그다음이 입사 후 회사에서 이루고 싶은 꿈입니다. 자소서에 지원한 이유는 있는데 이루고 싶은 꿈은 내용이 없습니다. 자신이 입사해서 이루고 싶은 꿈을 써야 합니다.

찰리: 네, 알겠습니다. 다시 쓰도록 하겠습니다.

제프: 자소서 서두에 전체 내용을 압축하는 문장이나 슬로건이 있으면 좋겠습니다.

찰리: 써보도록 하겠습니다.

첨삭 이후 자소서

지원한 이유와 입사 후 회사에서 이루고 싶은 꿈을 기술하십시오.

완벽함을 위한 도전

전자기기와 가전제품 판매업에 종사한 경험이 있습니다. 다양한 제품을 진열하고 관리하며 자연스럽게 각 브랜드의 차이를 직접 체험할 수 있었습니다. 전시하는 모든 제품은 영업시간에 고객에게 시연해야 하기에 항상 전원을 연결하여야 합니다. 이 과정에서 다른 제품은 고장이 발생하는 경우가 잦았습니다. 신기하게 매번 문제가 나타날 때마다 오직 ○○ 제품만 문제를 일으키지 않았습니다. 이에 매력을 느껴 ○○과 함께 하겠다는 꿈을 키웠습니다.

○○은 앞으로 전 세계에서 최고의 품질과 브랜드로 명성을 얻고자 노력하는 기업이라 생각합니다. 이를 위해 매 순간 최고를 유지하기 위한 수많은 땀과 노력을 흘려야 한다는 것도 알고 있습니다. 글로벌 최고의 기업은 혼자 이룰 수 없습니다. 최고의 제품과 서비스로 인류에 공헌하겠다는 가치관을 갖춘 능력자들이 만든 ○○에 호기심을 가졌습니다.

완벽한 결과물은 최고를 지향하며 변화를 두려워하지 않을 때 얻을 수 있습니다. 해외 영업팀에 지원하여 저의 능력을 펼쳐보고 싶습니다. 사람을 만나면 상대방의 말을 듣고 배려하면서 그의 니즈를 파악하는 능력이 뛰어납니다. 이 능력은 영업과 판매업에 뛰어들어 직접 몸으로 체험하면서 배운 것입니다. 이를 더 살려 해외 영업에 지원하여 성공하고 싶습니다. 국제적인 문화와 외국어를 공부하여 국내에만 머무르지 않고 해외 영업팀에도 참여해보고 싶습니다.

제프: 자소서 지도와 첨삭을 하며 얻은 결론이 있습니다. 지원동기는 다른 항목에 비해 오랜 기간 준비해야 합니다. 입사하려는 곳이 결정 되면 가장 마지막까지 고민하며 쓰고, 다시 쓰기를 계속 반복해야 할 항목이라 생각합니다. 그만큼 중요하다는 이야기입니다. 자소서의 가장 앞에 나오는 첫 번째 항목입니다. 면접에서 첫인상이 중요하듯이 자소서 합격에 결정적인 영향력을 행사합니다.

아울러 입사 후 포부는 5년 뒤에 자신이 지원하는 업무에서 어떤 역할을 할지 생각합니다. 그 분야에서 전문가가 되어 회사에 공헌하고 기여하는 모습을 써야 합니다. 간혹 입사 후 포부에 자기의 변화와 성장만을 쓴 경우가 있습니다. 회사에서 취준생을 고용하는 이유를 모르기 때문에 발생하는 실수입니다.

찰리: 자소서를 제출할 때까지 계속해서 수정 보완해서 쓰겠습니다. 특히 입사 후 포부에 대해 잘 들었습니다.

제프: 자소서 첨삭 사례를 하나 보도록 하겠습니다. 자소서의 첫 문장을 어떻게 쓰는지를 배울 수 있습니다.

본 공단에 입사를 지원하게 된 동기를 쓰세요.

3년 전, 저희 아버지는 건강검진을 통해 위장에 작은 종양이 있다는 사실을 알게 되셨습니다. 다만 크기가 크지 않고 아직 초기 단계여서 약물만으로 충분히 치료가 가능한 단계여서 지금은 깨끗하게 완치되셨습니다. 그러나, 모르고 방치되었다면 충분히 암까지 발전될 수 있었던 것이었고, 이 일을 통해 저는 건강검진의 중요성을 깊이 깨닫게 되었습니다. 이후, 저는 이런 건강검진을 담당하고 있는 국민건강보험공단에 대해 큰 관심을 가지게 되었습니다. 본 기업에 대해 자세히 알아보면서 청소년 및 영유아 건강검진과 더불어 노인분들을 위한 요양급여 지급도 본 공단에서 실시하고 있다는 것을 알게 되었고 이런 많은 제도를 통해 일시적인 검진뿐만 아니라 인생의 모든 시기의 건강을 유지, 증진하는 데에 큰 노력을 기울이고 있다는 것을 알게 되었습니다. 본 기업처럼 저 또한 국민들의 건강을 위해 자랑스럽게 봉사하고 헌신하는 싶다는 마음이 들어 이렇게 입사를 지원하게 되었습니다.

제프: 자소서의 첫 문장은 아주 중요합니다. 어떤 내용으로 이 자소서를 쓰겠다는 방향을 제시해 주어야 합니다. 첫 문장을 채용관이 읽고 '취준생이 어떤 글을 쓰겠구나'를 상상할 수 있도록 해야 합니다. 위의 자소서 서두에 전체 내용의 방향을 알 수 있는 문장이 있다면, 채용관이 편하게 읽고 선택하는 자소서가 될 것입니다. 다음과 같이 첨삭하였습니다.

본 공단에 입사를 지원하게 된 동기를 쓰세요.

건강은 건강할 때 지키라는 말이 있습니다. 평상시에 검진과 돌봄으로 건강을 유지하는 것이 중요하다는 것입니다. 3년 전, 아버지는 건강검진으로 위장에 작은 종양이 있다는 사실을 알았습니다. 다만 크기가 크지 않고 초기 단계라 약물로 충분히 치료가 가능했습니다. 지금은 깨끗하게 완치되었습니다. 만약 건강검진을 하지 않았다면 종양이 있다는 사실을 몰랐을 것입니다. 이를 방치했다면 암이 될 수도 있었습니다. 이를 계기로 저는 건강검진이 중요하다는 것을 알았습니다. 건강검진을 담당하고 있는 국민건강보험공단에 큰 관심을 가졌습니다. 공단을 자세히 검색하면서 청소년 및 영유아 건강검진과 더불어 노인분들을 위한 요양급여 지급도 공단에서 실시하고 있다는 것을 알았습니다. 이런 많은 제도로 일시적인 검진뿐만 아니라 국민의 생애의 모든 주기에 건강을 유지하고 증진하도록 큰 노력을 기울이는 것을 알았습니다. 저 또한 국민의 건강과 행복한 삶을 위해 자랑스럽게 봉사하고 헌신하고자 입사를 지원했습니다.

성장과정 쓰기 코칭

성장이란 노력하여 자신의 역량이 한 단계 성장한 모습을 쓰는 것입니다. 자신이 살아온 이야기를 서술하는 것이 아닙니다. 성적 향상, 아르바이트 경험, 각종 대회 등에서 자신의 역량을 발휘하여 능력이 이전보다 일취월장한 모습을 쓰는 것입니다. 기업은 취준생이 역량을 신장한 경험이 있다면 회사가 업무역량을 키울 수 있다고 판단합니다.

첨삭 전 자소서

본인의 성장과정을 간략히 기술하되 현재의 자신에게 가장 큰 영향을 끼친 사건, 인물 등을 포함하여 기술하시기 바랍니다. (작품 속 가상인물도 가능)

[공모전, 인생의 전환점]

학부 3학년 때, 게시판에 붙은 공모전 포스터가 제 인생의 새로운 방향을 제시하였습니다. 당시 저는 배터리에 대한 지식이 없어서 공모전 준비 시작이 매우 어려웠습니다. 하지만 지도교수님의 도움으로 공모전 준비를 시작할 수 있었고, 논문 및 연구 동향을 살펴보던 중 리튬 금속 전지에 관해 공부를 해봤습니다. 초기의 리튬 이차 전지는 음극재로 리튬 금속을 사용하였지만, 덴드라이트 성장으로 인한 안전성 문제로 인해 상용화가 실패하였다고 알려져 있습니다. 덴드라이트 성장이라는 개념을 처음 접해본 저에게는 매우 흥미롭게 다가왔고, '내가 해결해보고 싶다'라는 생각을 하였습니다. 이 과정에서 얻은 지식과 경험은 대학원 진학과 현재 리튬 금속 음극 안정화에 관한 연구로 이어졌습니다.

[항상 궁금증을 가지는 엔지니어]

학부 4학년 때, 한 교수님께서 하신 '물음표를 달아라.'라는 말씀은 저의 사고방식에 큰 전환점을 마련하였습니다. 이후 당연하다고 여기던 문장도 근거를 제시하며 상관관계에 대해 규명하는 연습을 통해 비판적 사고력을 키웠습니다. 석사 시절, 리튬 금속 음극 안정화를 위해 리튬 친화성 물질인 ZnO를 도입한 리튬 담지 소재 연구를 진행하였습니다. 전극 표면에 리튬 증착하였을 때, 핵생성 과전압이 낮음에도 불구하고, 덴드라이트 성장을 확인하였습니다. 원인을 파악하고자 소재 관점, 전극 관점으로 나누어 고민해보았습니다. 소재 관점으로는 ZnO 함량이 많았기 때문에 전자전도성이 떨어졌기 때문이라고 생각하였고, 전극 관점에서는 전극 소재가 제대로 분산되지 않았기 때문이라고 생각하였습니다. 이를 해결하고자 소재 관점에서는 ZnO 함량을 줄였고, 전극 관점에서는 전극 소재들의 분쇄 시간을 늘렸습니다. 그 결과 리튬 증착 후 덴드라이트가 형성되어 있지 않음을 Ex-situ

SEM 분석을 통해 확인하였고, 전기화학 특성 평가 시 안정적인 수명 특성과 출력 특성을 확인하였습니다. 이 과정을 통해 저는 다양한 시각에서 문제를 바라보고 해결하는 방법을 배웠습니다.

제프: [공모전, 인생의 전환점]을 [공모전, 내 인생의 새로운 도약]으로 바꾸세요. 전환점은 느낌이 평면적입니다. 한 단계 성장한 모습을 보여주기 위해 도약으로 바꾸죠. [항상 궁금증을 가지는 엔지니어]도 연구하고 도전하는 의미가 나타나도록 [항상 실험정신으로 문제를 해결하는 엔지니어]로 바꾸겠습니다. 마지막 문장이 자신감이 떨어집니다. 좀 더 자신감 있는 결말을 쓰죠. [모든 문제는 방법을 모색하고 실행한다면 해결할 수 있다는 것을 배웠습니다.]로 고치세요.

찰리: 고맙습니다.

첨삭 이후 자소서

본인의 성장과정을 간략히 기술하되 현재의 자신에게 가장 큰 영향을 끼친 사건, 인물 등을 포함하여 기술하시기 바랍니다. (작품 속 가상인물도 가능)

[공모전, 내 인생의 새로운 도약]
학부 3학년 때, 게시판에 붙은 공모전 포스터가 제 인생의 새로운 방향을 제시하였습니다. 당시 저는 배터리에 대한 지식이 없어서 공모전 준비 시작이 매우 어려웠습니다. 하지만 지도교수님의 도움으로 공모전 준비를 시작할

수 있었고, 논문 및 연구 동향을 살펴보던 중 리튬 금속 전지에 관해 공부를 해봤습니다. 초기의 리튬 이차 전지는 음극재로 리튬 금속을 사용하였지만, 덴드라이트 성장으로 인한 안전성 문제로 인해 상용화가 실패하였다고 알려져 있습니다. 덴드라이트 성장이라는 개념을 처음 접해본 저에게는 매우 흥미롭게 다가왔고, '내가 해결해보고 싶다'라는 생각을 하였습니다. 이 과정에서 얻은 지식과 경험은 대학원 진학과 현재 리튬 금속 음극 안정화에 관한 연구로 이어졌습니다.

[항상 실험정신으로 문제를 해결하는 엔지니어]

학부 4학년 때, 한 교수님께서 하신 '물음표를 달아라.'라는 말씀은 저의 사고방식에 큰 전환점을 마련하였습니다. 이후 당연하다고 생각했던 이론도 다양한 방법을 제시하며 상관관계를 규명하며 다르게 생각하기를 배웠습니다. 석사 시절, 리튬 금속 음극 안정화를 위해 리튬 친화성 물질인 ZnO를 도입한 리튬 담지 소재 연구를 진행하였습니다. 전극 표면에 리튬 증착하였을 때, 핵생성 과전압이 낮음에도 불구하고, 덴드라이트 성장을 확인하였습니다. 원인을 파악하고자 소재 관점, 전극 관점으로 나누어 고민해보았습니다. 소재 관점으로는 ZnO 함량이 많았기 때문에 전자전도성이 떨어졌기 때문이라고 생각하였고, 전극 관점에서는 전극 소재가 제대로 분산되지 않았기 때문이라고 생각하였습니다. 이를 해결하고자 소재 관점에서는 ZnO 함량을 줄였고, 전극 관점에서는 전극 소재들의 분쇄 시간을 늘렸습니다. 그 결과 리튬 증착 후 덴드라이트가 형성되어 있지 않음을 Ex-situ SEM 분석을 통해 확인하였고, 전기화학 특성 평가 시 안정적인 수명 특성과 출력 특성을 확인하였습니다. 이 과정을 통해 모든 문제는 해결 방법을 모색하고, 이를 실행한다면 해결할 수 있다는 것을 배웠습니다.

경험과 경력 쓰기 코칭

경험과 경력도 업무역량을 한층 업그레이드한 사례를 쓰는 것입니다. 자기 경험과 경력을 그대로 나열하는 것이 아닙니다. 자소서는 채용 담당자를 설득하는 글을 써야 합니다. 실제로 했던 일 중에서 성과를 얻어 업무역량이 확대된 경험과 경력을 찾아 쓰세요.

엘라: 지원 분야와 관련된 본인의 경험, 경력을 자세히 기술하라는데, 제가 경험한 것 중에 무엇을 쓰라는지 잘 모르겠습니다.

제프: 직장에 들어가서 하실 업무와 관련이 있는 경험을 선택해야죠.

엘라: 그런데, 그게 뭔지 잘 모르겠어요.

제프: 직장과 관련된 아르바이트해 본 경험 있나요?

엘라: 체대입시전문 학원에서 강사를 한 적 있습니다.

제프: 그때 뭐 특별하게 기억나는 것 있으면 말해보세요.

엘라: 글쎄요. 딱히 기억나는 것 없습니다.

제프: 일단 체대입시전문 학원에서 있었던 사례로 지원 분야와 관련된 본인의 경험, 경력을 자세히 써보세요. 이후에 첨삭합시다.

엘라: 네, 알겠습니다.

첨삭 전 자소서

지원 분야와 관련된 본인의 경험, 경력을 자세히 기술하시오(기간, 근무처, 해당 경험 및 경력 등)

체대입시교육원에서 7개월 동안 시설관리, 코치 등 다양한 일을 하였다. 몸을 움직이면서 생기는 땀과 머리카락과 신발의 먼지, 모래 등이 바닥에 많으므로 항상 학생들이 깨끗한 환경에서 수업받을 수 있도록 학원 청소를 하였다. 학생들이 만지는 운동기구나 장비 등도 항상 청결하게 관리하였다.

또한 학생들이 원하는 대학에 갈 수 있도록 운동을 지도했다. 기록 단축을 위해 최적의 자세와 방법을 가르쳐주었다. 학생들의 개인별 기록을 작성하고 관리하였다. 부상 방지를 위해 마사지도 해주었다.

학생들의 미래에 대한 고민이나 대학에 대한 고민 등 다양한 상담을 해주었다. 모집 요강에는 나와 있지 않은 실전에서 경험한 다양한 비결과 시험장마다 분위기 등을 가르쳐주었다.

엘라: 제가 쓴 자소서입니다. 첨삭 부탁드립니다.

제프: 문항이 지원 분야와 관련된 본인의 경험과 경력을 자세히 쓰라는 것입니다. 자소서에 교육원에서 청소하고, 학생 가르치고, 상담하는 3개의

내용을 썼습니다. 청소는 뺍시다. 청소한 것을 경험과 경력으로 넣기에는 알맞지 않은 것 같아요. 혹시 성과가 있었던 경험은 없나요. 내가 지도해서 학생 기록이 좋아진 경험이면 좋겠습니다.

엘라: 보통 왕복달리기를 할 때, 터닝 지점까지 남학생은 일곱 발, 여학생은 아홉 발을 사용합니다. 만점을 받으려면 8초 이내로 들어와야죠. 남학생이 있었는데 9.5초가 나왔습니다. 문제를 파악하니 보폭이 짧았습니다. 일곱 발로 뛰다 보니 기록이 나오지 않았죠. 남학생에게 보폭을 아홉 발로 뛰라고 말했습니다. 이후에 기록이 좋아져 만점을 받았습니다.

제프: 이 성과를 살려 자소서를 씁시다. 다음을 활용하세요. 일단 면접준비하려면 분량에 상관없이 최대한 많이 써보세요.

문제를 정확히 파악하면 해결 방법을 알 수 있다.

(체육대학입시교육원에서 7개월 동안의 과정)

왕복달리기에서 ∼∼기록이 나오지 않는 학생이 있었다.

(얼마가 나와야 하는데 실제 학생은 이 정도였다. 가능하면 수치로 써주세요.)

이 학생의 문제점을 파악하니 ∼∼한 것이었다.

이를 해결하는 방법을 생각하니 ∼∼하면 될 것으로 판단했다.

학생에게 ∼∼한 훈련을 해볼 것을 권유하였다.

학생이 실행하고 ∼∼의 기간이 지나니 왕복달리기 시간이 단축되었다.

결론은 이렇게 씁시다.

(모든 업무는 사전에 정확한 실행과 문제 발생 시에 대처할 계획이 있어야 합니다. ○○○ 체육회에서 치러지는 많은 행사도 업무와 일정에 대한 실행 방법이 준비되어 있다면 행복하고 안전하게 치를 수 있다고 생각합니다.)

엘라: 자소서 썼습니다. 첨삭 부탁드립니다.

첨삭 이후 자소서 1

체육대학입시교육원에서 7개월 동안 훈련 코치와 시설관리 업무를 하였습니다. 학원의 특성상 몸을 많이 움직이고 여러 기구를 여러 명의 학생이 번갈아 사용하기 때문에 위생이 매우 중요합니다. 이를 위해 살균력이 있는 제품으로 기구, 특히 손으로 잡는 부분을 항상 소독하여 청결하게 관리하였습니다. 또한, 장비들에 문제나 망가진 부분은 없는지 파악하여 수리해 사용에 문제가 없게 하였습니다.

학생들이 입시에 합격하기 위해서는 각각의 항목에서 높은 등급이 나와야 합니다. 학생들의 훈련을 위해 개인별로 맞춤형 지도를 위해 기록 카드를 작성하고 피드백을 시행하였습니다. 왕복달리기에서 기록이 나오지 않는 학생이 있었습니다. 만점을 받으려면 8초 이하로 나와야 하는데 그 학생은 8.5초가 나왔습니다. 보통 남자는 일곱 발 여자는 아홉 발을 사용하여 반대편에 도착합니다. 그 이유는 남자와 여자의 보폭에 차이가 있기 때문입니다. 남자가 여자보다 보폭이 크기 때문에 일곱 발을 사용합니다. 그 학생 역시 남자이기 때문에 당연히 일곱 발을 사용했습니다. 하지만 기록이 나오지 않자 저는 평소 그 학생이 걷는 모습을 보면서 보폭이 일반 남자들보다 짧은 것이 문제라고 생각했습니다. 그래서 아홉 발을 적용하면 될 것으로 판단했습니다. 다음 수업 시간에 학생에게 아홉 발로 뛰어볼 것을 권했고 학생이 실행하고 점점 기록이 좋아지는 것을 볼 수 있었고, 결국 만점을 받을 수 있게 되었습니다.

또한, 부상이 잦은 허리와 다리의 부상 방지를 위해 수업이 끝나고 바르는 소염진통제를 사용하여 허리와 허벅지 종아리 등을 마사지해 근육 손상 방

제프: 서두에 전체를 보여주는 간결한 문장이 있으면 좋겠습니다. 읽는 사람이 '자소서 어떤 내용으로 썼는가'를 쉽게 알 수 있도록요. 밑줄 친 부분은 삭제하도록 합니다. 엘라님만의 개인적 특성이 나타나지 않습니다. 글자 수는 600자 미만입니다. 글자 수에 맞게 다시 써서 제출합니다.

첨삭 이후 자소서 2

정확히 문제를 파악하면 해결책을 찾을 수 있습니다.

체육대학입시교육원에서 7개월 동안 훈련 코치와 시설관리 업무를 하였습니다. 입시에 합격하기 위해서는 각각의 항목에서 높은 등급이 나와야 합니다. 학생들 개인별로 맞춤형 지도를 위해 기록 카드를 작성하고 피드백을 시행하였습니다. 하지만 왕복달리기에서 기록이 나오지 않는 남학생이 있었습니다. 만점을 받으려면 8초 이하로 나와야 하는데 학생은 8.5초에 머물렀습니다. 남, 여 간의 보폭에 차이로 보통 남자는 일곱 발, 여자는 아홉 발을 사용하여 반대편에 도착합니다. 학생은 일곱 발을 사용했습니다. 하지만 기록이 나오지 않자, 평소 그 학생이 걷는 모습을 보며 보폭이 일반 남자보다 짧은 것이 문제라 생각했습니다. 아홉 발을 뛰면 될 것이라 판단했습니다.

다음 수업에 학생에게 아홉 발로 뛸 것을 권했습니다. 학생이 아홉 발에 적응하면서 점점 기록이 좋아졌고, 마침내 만점을 받았습니다.

성과가 나오지 않는 일을 무작정 반복한다고 실력이 향상되는 것은 아닙니다. 무엇이 문제인지를 정확히 파악하고 그에 맞는 대안을 강구하고, 합당한 시행이 있을 때 분명한 성과를 얻을 수 있습니다. 체육회의 업무도 사전에 정확한 실행과 문제 발생 시에 대처할 계획이 있어야 합니다. 체육회에서 치러지는 많은 행사도 업무와 일정에 대한 실행 방법이 준비되어 있다면 행복하고 안전하게 치를 수 있다고 생각합니다.

제프: 엘라님 애쓰셨습니다. 글자 수가 많은 것 같네요.

엘라: 네. 690자 정도 됩니다.

제프: 600자에 맞게 첨삭을 하도록 하겠습니다.

정확히 문제를 파악하면 해결책을 찾을 수 있습니다.

체육학입시교육원에서 7개월 동안 훈련 코치와 시설관리 업무(삭제)를 하였습니다. 입시에 합격하기 위해서는(합격하려면) 각각의(모든) 항목에서 높은 등급이 나와야 합니다. 학생들(삭제) 개인별로 맞춤형 지도를 위해(삭제) 기록 카드를 작성하고 피드백을 시행하였습니다. 하지만 왕복달리기에서 기록이 나오지 않는 남학생이 있었습니다. 만점을 받으려면 8초 이하로 나와야 하는데(만점은 8초 이하인데) 학생은 8.5초에 머물렀습니다. 남, 여 간의 보폭에 차이로(남녀 간 보폭 차이로) 보통 남자는 일곱 발, 여자는 아홉 발을 사용하여 반대편에 도착합니다. 학생은 일곱 발을 사용했습니다. 하지만(계속) 기록이 나오지 않자, 평소 그(삭제) 학생이 걷는 모습을 보며 보폭이 일반 남자보다 짧은 것이 문제라 생각했습니다. 아홉 발을 뛰면 될 것이라 판단했습니다. 다음 수업에 학생에게 아홉 발로 뛸 것을 권했습니다.(판단하고 지도했습니다.) 학생이 아홉 발에 적응하면서 점점 기록이 좋아졌고, 마침내 만점을 받았습니다.

성과가 나오지 않는 일을 무작정(삭제) 반복한다고 실력이 향상되는 것은 아닙니다. 무엇이 문제인지를 정확히 파악하고(문제를 정확히 판단하고) 그에 맞는 대안을 강구하고, 합당한 시행이 있을 때 분명한 성과를 얻을 수 있습니다. 체육회의 업무도 사전에 정확한 실행과 문제 발생 시에 대처할 계획이 있어야 합니다. 체육회에서 치러지는 많은 행사도 업무와 일정에 대한 실행 방법이 준비되어 있다면 행복하고 안전하게 치를 수 있다고 생각합니다.

첨삭 이후 자소서 3

제프: 첨삭하여 599자의 자소서가 완성됐습니다.

정확히 문제를 파악하면 해결책을 찾을 수 있습니다.

체육학입시교육원에서 훈련 코치를 하였습니다. 입시에 합격하려면 모든 항목에서 높은 등급이 나와야 합니다. 개인별 기록 카드를 작성하고 피드백을 시행하였습니다. 하지만 왕복달리기에서 기록이 나오지 않는 남학생이 있었습니다. 만점은 8초 이하인데 학생은 8.5초에 머물렀습니다. 남녀 간 보폭 차이로 남자는 일곱 발, 여자는 아홉 발을 사용하여 반대편에 도착합니다. 학생은 일곱 발을 사용했습니다. 계속 기록이 나오지 않자, 평소 학생이 걷는 모습을 보며 보폭이 일반 남자보다 짧은 것이 문제라 생각했습니다. 아홉 발을 뛰면 될 것이라 판단하고 지도했습니다. 아홉 발에 적응하면서 점점 기록이 좋아졌고, 마침내 만점을 받았습니다.

성과가 나오지 않는 일을 반복한다고 실력이 향상되는 것은 아닙니다. 문제를 정확히 파악하고 그에 맞는 대안을 강구하고, 합당한 시행이 있을 때 분명한 성과를 얻을 수 있습니다. 체육회의 업무도 사전에 정확한 실행과 문제 발생 시에 대처할 계획이 있어야 합니다. 체육회에서 치러지는 많은 행사도 업무와 일정에 대한 실행 방법이 준비되어 있다면 행복하고 안전하게 치를 수 있다고 생각합니다.

챗GPT를 활용한
자소서 쓰기

챗GPT를 자소서 쓰기에 활용하면 자소서를 쉽게 쓸 수 있습니다. 자소서에 들어갈 내용을 챗GPT에 개조식으로 글을 작성하여 입력하여 1차 자소서를 만듭니다. 다음에 좀 더 보충할 내용으로 자소서를 만듭니다.

개조식으로 자소서 쓰기

귀하가 경험했던 가장 어려웠던 일이 무엇이었으며, 그것을 극복하기 위하여 어떤 노력을 하였고 결과가 어떠하였는지 작성해주세요.

1. 전문화와 차별화를 부각

2. 3학년 2학기에 'Acetic acid 제조 공정'이라는 주제를 선정해 설계를 진행

3. '공정도 작성'으로 업무 분장

4. 차별화를 위해 공정모사 프로그램인 Unisim을 사용

5. 성과없는 시간이 며칠 지나감

6. 마음을 다잡고 공정도 작성에 몰입

7. 다른 조와 달리 플로우차트를 만듦

8. 전문성이 확실히 보여 1등을 함

9. 4학년 때 배울 프로그램을 미리 경험함

10. 함께 성장하고 성취감을 맛봄

챗GPT가 작성한 자소서

3학년 2학기에 '아세트산 제조 공정'이라는 주제를 선택하고 설계 작업을 시작했습니다. 이 프로젝트에서 저는 공정 다이어그램을 작성하는 작업을 맡았으며, 이를 위해 고급 공정 시뮬레이션 프로그램인 Unisim을 활용하여 다른 그룹과 차별화하였습니다. 초기에는 무산된 날들이 있었지만, 저는 결연함을 가지고 공정 차트 작성에 집중했습니다.

우리는 다른 그룹과 달리 흐름도를 작성하여 결과물을 혁신적으로 제시했고, 이는 전문성이 뚜렷하게 드러나게 했습니다. 이 프로젝트를 통해 제가 4학년에서 배울 프로그램들을 미리 경험하고 배울 수 있는 기회를 가졌으며, 그 과정에서 팀원들과 함께 성장하고 성취감을 느낄 수 있었습니다. 결과적으로 우리의 헌신과 첨단 도구의 전략적 활용이 우리를 1등 자리에 올리게 했고, 학문적 추구와 전문성의 중요성을 다시 한번 확인할 수 있는 기회였습니다.

업무역량이 드러나는 자신만의 자소서로 만들기

'전문화'를 바탕으로 '차별화'하자!

3-2학기에 수강한 '공정설계' 과목의 최종 과제로 'Acetic acid 제조 공정'이라는 주제를 선정해 설계를 진행했습니다. 업무 분담을 통해 '공정도 작성'을 맡았습니다. 개인적인 생각으로 이번 과제에서 다른 조와 차별성을 가지려고 공정모사 프로그램인 Unisim을 사용하여 공정도를 작성하는 목표를 잡았습니다.

이 프로그램을 처음 사용하기 때문에 며칠을 성과 없는 시간을 보냈습니다. 그러나 이내 마음을 다잡고 웹에서 프로그램 강의 자료를 받아 공부하며 공정도 작성에 성공했습니다.

다른 조에서 Powerpoint상의 도형으로 flow chart를 만든 것과는 다르게 발표 자료에 전문성을 갖춰 평가 1등이라는 좋은 결과를 얻었습니다. 또한 조원들과 함께 프로그램에 대해 고민하며 4-1학기에 배울 프로그램을 미리 경험해볼 수 있는 계기가 되었습니다. 무엇보다 함께 한 걸음 더 성장했다는 성취감을 나눌 수 있었습니다.

3부

자소서를 활용한
면접 질의와 답변

업무역량을 발휘하는
면접 코칭

헨리의 자소서는 무사히 통과했습니다. 이제 면접을 앞두고 질문과 답변을 준비 중입니다. 하지만 자기 자소서에 어떤 질문을 하고, 어떻게 답변할지 도통 감을 잡을 수 없었습니다. 다시 제프를 만나 면접 지도를 요청했습니다.

> 헨리: 면접 준비를 해야 하는데, 어떻게 할지 정말로 막막합니다. 제프님 도와
> 주세요.
> 제프: 처음으로 돌아갑니다. 자소서 쓰기 전에 기업분석부터 했습니다. 면접을
> 잘하려면 회사가 어떻게 운영되는지 소상하게 파악하고 있어야죠. 가능
> 하다면 회사의 제품이나 서비스를 직접 체험해 보시기를 권합니다. 식품
> 회사라면 직접 사서 맛을 보고, 다른 회사 제품과 비교해보세요. 면접에
> 서 대답이 달라집니다.

헨리: 그다음은 어떻게 해야 하나요?

제프: 자기 자소서에 질문을 만들고 답변을 적어야 합니다. 대개 취준생들이 답변을 입으로만 연습합니다. 면접 시험장에 들어가, 면접관 앞에서 답변하면 떨리죠. 까닥하다간 답이 안 나옵니다. 이를 방지하고자 글로 써서 계속해서 읽고 연습하는 겁니다. 준비한 만큼 면접을 잘 볼 수 있습니다.

헨리: 설명을 더 부탁드립니다.

제프: 면접관이 면접으로 파악하고자 하는 것도 업무역량입니다. 말을 잘하는 것도 업무역량입니다. 지금부터 제가 질문하겠습니다. 대답해주세요.

헨리: 네!

제프: 입사하려는 곳의 인재상은 무엇입니까?

　　　인재상에 맞는 자신의 경험이 있다면 말씀해주세요.

　　　지원한 분야의 업무는 무엇이고, 지원한 이유는 무엇입니까?

헨리: 대답이 잘 안 나오는데요.

제프: 잘 안되죠. 당연한 겁니다. 그래서 입으로만 하는 것이 아니라 자기 자소서에 글로 질문을 하고, 답변까지 적는 것입니다.

헨리: 아~. 이제 감이 옵니다. 제 자소서에 질문을 만들고 답변을 글로 써서 계속 연습해야겠습니다.

제프: 연습을 많이 하면 할수록 면접을 무사히 통과할 수 있습니다.

헨리: 면접 답변을 잘 쓰는 특별한 비책이 있으면 지도 부탁드립니다.

제프: 시간과 장소를 꼭 답변에 포함하여 말하세요. 대학교 때보다 대학교 2학년 1학기 때로, 공부하면서보다 고려시대사를 공부하면서. 시간과 장소뿐만 아니라 모든 것을 정확하게 표현하도록 합니다. 그래야 면접관

에게 정확하다는 신뢰를 줍니다.

면접에서 답변은 면접관이 자신의 상황을 아무것도 모른다는 전제하에 답변해야 합니다. 그래야 자신의 의사를 명확하게 전달할 수 있습니다. 평상시에 친구나 아는 사람에게 말을 하는 것이 아니라는 것을 꼭 명심해야 한다. 상대방이 나에 대해 조금도 모른다고 생각하고 답변해야 합니다. 나를 모르는 사람에게 나의 생각을 전달하려면 자세하고 정확하게 말해야 합니다.

헨리: 다른 내용 있으면 더 말씀해주세요.

제프: 취준생은 입사하려는 곳에서 제공하는 제품과 서비스, 또는 진행하는 사업을 직접 체험해 봐야 합니다. 실제로 이를 행한 사람과 아닌 사람은 면접에서 판가름 납니다. 몸으로 행한 사람은 할 말이 있지만, 해보지 않은 사람은 할 말이 없게 되죠. 설혹 말하더라도 면접관은 구체적인 사업내용을 말하는 사람과 아닌 사람을 쉽게 구별할 수 있습니다. 자기를 고용하여 급여를 주는 회사에 입사하라면 당연히 회사가 제공하는 제품이나 서비스를 사용하는 것이 기본적인 예의라고 생각합니다. 면접은 서로 간에 통하는 이야기가 있어야 합니다. 면접 시간이 길면 길수록 잘 본 면접이라 할 수 있습니다.

헨리: 마지막으로 한 말씀 더 부탁드립니다.

제프: 사례를 말할게요. 면접관이 이렇게 물었습니다.

"자신만의 강점은 무엇이라고 생각하십니까?"

답변을 "저는 결벽증이 있을 정도로 꼼꼼합니다."라고 했습니다.

답변은 긍정적이고 누구나 받아들일 수 있는 내용으로 말해야 합니다. 자신의 업무역량이 잘 전달되도록 이렇게 바꿨습니다.

"저는 숫자로 정확하게 표현하는 것을 좋아합니다. 그래서 조경학과에 다녔지만 회계를 공부했습니다."

훨씬 부드럽고 의미 전달이 잘되지요.

헨리: 고맙습니다. 면접에 자신감이 생깁니다.

면접 합격은
답변 쓰기로 준비하자

면접의 질문은 대략 자소서와 관련한 내용에서 80%, 그 이외의 질문 20%입니다. 자소서에 쓴 내용을 확인하고 실제로 어떤 역량을 발휘했는지 물어봅니다. 당신의 업무역량을 좀 더 자세하게 파악하려고 질문하며 확인하는 것입니다. 면접은 말로 하는 자소서입니다. 자기 자소서에 질의를 만들고 답변을 직접 글로 써보세요. 글로 쓰면 논리적이고 정확하게 답변할 수 있습니다. 글로 쓰는 것과 입으로만 연습하는 것은 엄청난 차이가 있습니다. 글로 쓰고 난 이후에 읽으면서 매끄럽게 말로 표현되도록 계속 수정 보완해야 합니다.

자신의 생각을 떨지 않고 말하는 것도 중요한 업무역량입니다. 그만큼 준비를 철저히 했다는 것을 보여주는 것이죠. 처음에 자소서 쓸 때 자세히, 분량을 많이 쓰라고 하는 것은 면접을 잘 보기 위한 대비책입니다.

자신이 해왔던 일을 처음부터 끝까지 상세하게 기억하면 면접에서 떨지 않고 답변할 수 있습니다.

면접에서 자신의 업무역량이 최대한 드러나야 합니다. 자신의 업무역량이 바로 전달되도록 결론부터 말하기를 연습해야 합니다. 처음에는 쉽지 않죠. 그래서 면접 답변을 글로 쓰는 것입니다. 결론부터 글로 써서 계속 읽고 연습합니다. 답변을 보지 않고도 입에서 술술 나올 때까지 연습했을 때, 합격할 수 있습니다.

면접관의 질문이 들어오면 바로 말할 수 있어야 합니다. 이렇게 말하려면 많은 시간과 노력을 들여 반복해서 연습해야 가능합니다. 머뭇거리면 감점입니다. 자신이 준비하지 못한 질의가 나올 수도 있습니다. 충분히 연습했다면 침착하게 답변할 수 있습니다.

자소서를 활용한 면접 질의와 답변 1

보유 지식과 역량에 대해 기술해주세요.

제가 이수한 ISO□□□□□□□ 내부 양성 심사원 과정은 제품 생산과 공급의 국제규격으로 인증을 받는 품질경영시스템 학습입니다. 이 과정을 이수하여 품질경영시스템에 기본 모델인 ○○○○과정을 배웠습니다. ○○○○과정은 고객의 니즈에 맞도록 제품 생산을 계속해서 개선하는 이론입니다. 이 과정으로 기업은 결함의 예방과 낭비적 요소 제거, 지속적 개선을 하여 효과를 볼 수 있도록 합니다.

1. 내부 양성 심사원 과정에 대해 말씀해주세요.

내부 양성 심사원 과정은 품질 경영시스템에 대한 내부 심사를 수행하는 인원을 교육하는 과정입니다. 이 과정을 통해 품질 경영시스템의 효율적인 운영과 지속적인 품질 향상을 달성할 수 있습니다.

2. 업무에 어떤 효과가 있었습니까?

공정 과정에 안전하고 불량이 없도록 철저하게 검수해 각 제품의 특성이 잘 나타나도록 만들었습니다. 그래서 고객사로부터 90% 이상의 만족도를 얻었습니다.

자소서를 활용한 면접 질의와 답변 2

개인의 발전을 위해 노력한 점을 쓰시오.

○○ 교육지원 파트에서 조합원의 복지 및 서비스 향상에 기여하고 싶습니다. 이를 이루고자 농업 관련 학과에 편입했습니다. 편입 과정도 어려웠지만, 학과에 적응하는 것이 더 힘들었습니다. 처음부터 전공을 배운 동기들과는 다르게 전공 수업을 따라가는 것이 힘들었습니다. 특히 농업경제학이 너무나도 생소하여 공부하는 것이 정말 힘들었습니다. 이를 극복하기 위해 남들과 다른 노력을 하였습니다. 과제 및 시험을 볼 때, 학점만이 아니라 전공을 완전히 이해하려고 공부하였습니다. 처음에 생소하였던 농업경제학과 같은 전공이 오히려 재미있고 흥미로웠습니다. 그 결과 첫 학기 학점을 4.42를 받으면서 장학금을 받았습니다.

1. 농업경제학은 어떤 학문입니까?

농업자원경제학은 농업과 농촌에 관한 경제학적 탐구를 하는 학문입니다. 기본적인 경제학원론과 미시, 거시경제학, 경제 통계학을 배우고 나서 농기업 경영과 유통경제, 자원 및 환경경제 등을 배웁니다. 경제학을 배경으로 농업이라는 분야를 분석하는 것입니다.

2. 공부하면서 힘들었던 부분은 무엇입니까?

수학에 취약해서 경제학 공부할 때 고전했습니다. 개념과 맥락이 이해되지 않는 부분은 관련 서적이나 인터넷으로 찾아가며 공부했습니다.

자소서를 활용한 면접 질의와 답변 3

본인의 성장과정을 간략히 기술하되 현재의 자신에게 가장 큰 영향을 끼친 사건, 인물 등을 포함하여 기술하시기 바랍니다.

저의 철학은 '인생은 배움의 연속이며 상대가 원하는 것을 주면 반드시 보답이 있다는 것입니다.' 실무 경험을 배우려고 현장에 뛰어들어 직접 몸으로 체험했습니다. 지식이 부족한 것은 최선을 다해 배웠고, 실수는 단지 경험이라 생각했습니다. 맡은 바 업무를 잘하기 위해 상대방이 나에게 원하는 것이 무엇인지 고민하였고 이를 위해 계속해서 노력하였습니다. 이러한 과정이 삶을 대하는 태도로 자리 잡았습니다. 아버지는 항상 웃으시며 사람들을 편안하게 대하면서 이야기를 나눕니다. 저도 처음 만나는 사람과 쉽게 대화를 하며 금방 사귀는 친화력이 있습니다. 이는 영업을 할 때 아주 커다란 장점이었습니다. 손님에게 먼저 다가가 자연스럽게 대화를 하면서 고객의 니즈를 파악하는 능력은 아버지에게 배운 것입니다.

대학 입학 후 책으로 배우는 이론보다 생생한 경험을 체험하고자 학사과정을 중단하고 아르바이트와 직업에 도전했습니다. 서빙, 안내 등 통상적인 아르바이트를 시작하였습니다. 경험과 배움에 긍정적인 아버지의 권유로 매번 출근할 때마다 "일하는 사업장이 내 것이라면?"이라는 질문을 생각했습니다. 이를 떠올리며 일을 하다 보니 자연스레 종업원의 시각을 넘어 고객, 사업장 대표 등의 다양한 입장에서 매장을 바라보는 안목을 키울 수 있었습니다.

이후 공인중개사 업무에 도전했습니다. 다양한 가치관을 가진 사람을 만나며 고객을 응대하는 화법과 판매를 위해 어떻게 설득하는지 등의 처세술을 배울 수 있었습니다.

1. 다양한 경험을 하셨는데, 그 과정에서 배운 것이 있다면 말씀해주세요.

상담을 계약 체결로 연결하고자 고객의 요구를 먼저 판단할 수 있는 능력을 배웠습니다. 고객과 대화하면서 이 제품을 사려는 이유를 생각하면서 대화했습니다. 계약서를 작성하는 단계까지 제가 작성한 브리핑 자료를 바탕으로 고객이 최대한 합리적인 선택을 할 수 있도록 도움을 주려고 노력했습니다. 계약 이후 고객들은 끝이 아니라 새로운 고객을 연결해 줄 수 있는 자산이라 생각했습니다. 제품 사용의 불편과 문제점은 없는지 등의 지속적인 안부를 물으며 소통했습니다.

2. 영업하면서 자신의 약점은 어떻게 보완하셨나요?

공인중개사 업무를 할 때, 부동산 관련 법률과 세법에 대해 지식이 거의 없었습니다. 고객에게 설명하면 좀 미심쩍은 눈치였습니다. 그래서 퇴근 후에 공부하였습니다. 지식이 늘면서 영업도 쉽게 할 수 있었습니다. 영업에서 관련 지식이 중요하다는 것을 배웠습니다.

3. 영업으로 가장 크게 배운 점은 무엇입니까?

사업자의 입장과 고객의 입장을 동시에 볼 수 있는 안목을 길렀습니다. 복학 후에도 아르바이트하며 매번 사업자의 입장과 고객의 입장을 헤아리려 노력했습니다. 메뉴 개발과 효율적인 서빙 루트를 계산하는 등 다양한 방법을 시도했습니다. 코로나로 어려움이 있었지만, 사장님과 함께 버텨낸 결과 대기줄이 길어진 사업장을 만들었습니다.

자소서를 활용한 면접 질의와 답변 4

○○○ 직원으로 갖추어야 할 사명 및 각오를 기술하시오.

소통은 ○○○의 직원으로 갖춰야 할 가장 중요한 자질이라 생각합니다. 경기는 승부가 판정되기에 가끔 지나친 과열로 스포츠 정신을 위배할 때가 있습니다.

교내 체육대회에서 운영을 총괄했습니다. 체육대회는 많은 사람이 참여하고 승패가 나눠집니다. 자칫하면 과열된 분위기와 지나친 승부욕으로 모두가 즐거워야 할 체육대회가 감정이 상하며 끝나는 경우가 많습니다. 심판 판정에 불만을 품고 거칠게 항의하며 다툼으로 이어지는 경우가 많았습니다. 불미스러운 상황을 예방하기 위해 심판진과 선수들과의 회의로 판정 기준과 하지 말아야 할 행동 등에 대해 협의하고 소통하였습니다. 그 결과 판정에 불만 없이 대회를 성공적으로 마무리할 수 있었습니다.

학교에서 배웠던 소통의 자세로 ○○○의 발전에 헌신하고자 합니다.

1. ○○○의 업무에 관해 설명해주세요?

○○○의 정관에 따르면 각종 종합체육대회의 개최 및 참가, 회원종목단체의 지도와 지원, 학교체육, 생활체육, 전문체육의 진흥, 체육시설의 설치와 관리 운영 등이 있습니다.

2. ○○○에 입사하면 본인은 어떤 일을 하게 되는지 말해보세요?

저의 업무는 사무국 운영 및 서무업무, 계약 및 검수, 물품구매 및 문서관리, 업무용 차량 관리 및 운영 등입니다.

3. ○○○의 발전을 위해 앞으로 중점적으로 운영할 사업이 있다면 무엇이 있을까요?

저는 고령화가 급속하게 진행되기에 앞으로 실버 체육이 중요하다고 생각합니다. 몸이 불편한 노인분들을 위해 집에서도 쉽게 따라 할 수 있는 운동을 영상이나 온라인으로 만들어 집에서도 따라할 수 있도록 보급하면 좋을 것 같습니다.

4. ○○○의 사업에 참여한 경험이 있으신지요?

생활체육광장프로그램으로 ○○○공원에서 국학기공을 체험한 경험이 있습니다. 정적스트레칭과 동적스트레칭을 적절히 사용하여 이른 아침에 부상 없이 몸을 깨우기에 좋았습니다.

한 동작을 너무 많이 해서 지루할 때가 있는데, 횟수를 줄이고 다른 동작을 추가하면 좋을 것 같습니다.

5. ○○○주말에 근무할 때가 많습니다. 어떻게 생각하십니까?

스포츠 경기가 주말에 열릴 때가 많아서 ○○○ 직원으로서 시민을 위해 주말에도 당연히 일하여야 한다고 생각합니다.

6. 스포츠와 회계는 어떤 관련이 있나요?

경영 성과와 자원을 파악하여 어디서 어떻게 수입이 났는지 확인하여 다음 경영에 적용할 수 있습니다. 공시와 감사에 문제가 없게 하려면 세무회계 관련 능력이 필요합니다.

7. 보유한 자격증이 있으면 말해주세요. 자격증이 ○○○ 업무를 하는데 어떤 도움이 될까요?

○○○는 시민의 세금으로 운영되는 공공기관이기 때문에 다른 회사보다 투명하고 정확하게 자금이 운용되어야 한다고 생각합니다. 또한, 추후 경영 성과를 파악하고 공시와 감사에 문제가 없도록 하려면 세무회계 관련 능력이 필요하다고 생각해 세무회계 자격증을 취득하였습니다.

8. 도전적인 목표를 갖고 성취한 경험을 말해보세요.

세무회계 자격증을 취득하기 위해 독학을 시작했습니다. 아무래도 처음 공부하는 분야이다 보니 쉽지 않았지만 재미있었습니다. 하지만 다른 부분보다 원가관리나 연말정산 부분은 독학으로는 어려워 학원에 다니게 되었습니다. 학원에서의 수업을 들으면서도 어려운 부분이 있어 저는 수업 전후로 남아서 선생님들에게 질문하고 최근 5년 치의 시험자료를 찾아보았습니다. 그 결과 높은 점수로 합격하여 자격증을 취득할 수 있게 되었습니다.

9. 자신의 장점은 무엇입니까?

저의 강점은 꼼꼼함과 치밀함이라고 생각합니다. 저는 숫자로 표현하는 것을 좋아합니다. 그래서 회계 공부를 하였고 적성에 맞아서 자격증도 취득했습니다. 체육회에서도 경영 성과를 파악하는 데 도움이 될 것이라 생각합니다.

10. 자신의 단점은 무엇입니까?

단점은 너무 꼼꼼해서 오래 걸릴 때가 있다는 것입니다. 그래서 저는 할 일과 체크 사항을 미리 정리하거나 생각해두어 시간을 앞당기려고 노력합니다.

자소서를 활용한 면접 질의와 답변 5

성장과정을 쓰시오.

학부생 시절 재료공학의 기초를 다지며, 전공에 지식을 암기하는 것만으로 전문가가 될 수 있다고 생각했습니다. 수업 시간에 교수님께서 하신 조언이 저의 사고방식 전환에 커다란 영향을 주었습니다. "단순히 암기에만 의존하는 지식은 인터넷에 검색만으로 쉽게 얻을 수 있다. 진정한 경쟁력은 생각하는 방식을 통해 경쟁력을 키워야 한다." 이 조언은 공부에 대한 기존의 태도를 근본적으로 변화시켰습니다. 이로부터 "왜 그런가?"를 항상 묻고 비판적인 사고방식으로 접근하려 노력하였습니다.

석사 과정에서 과제로 소듐이온전지를 고용량화하고자 흑린/그래핀 복합 음극소재에 대한 연구를 진행했습니다. 이 경험은 실험 결과의 도출뿐만 아니라, 실험의 목적과 목표 달성 방법을 깊이 생각하는 계기가 되었습니다. 제 실험은 가격 경쟁력이 있는 소듐이온전지에 사용될 음극 소재에 관한 연구였기에 소재 설계를 할 때, 전기화학적 성능뿐 아니라 공정비용, 전구체 선택을 고려하며 실험을 설계해야 합니다. 복합소재의 합성 평가를 위해서 적합한 분석 방법을 고려하며 방향성을 잡았고, 결과를 해석하며 실험을 개선해 나갔습니다. 전기화학적 분석 결과 예상했던 성능이 나오지 않으면 "왜 그럴까?"를 항상 고려하며 최적의 전극 조건을 설계하며 활물질의 성능을 끌어냈고, 부피 팽창으로 인한 문제를 완화하여 수명 특성을 향상했고, 출력 특성 또한 개선된 복합체를 합성해 낼 수 있었습니다. 이 경험으로 문제에 접근하는 방법과 문제를 해결하는 능력을 키웠습니다.

1. 사고의 전환으로 성취한 경험이 있으신지요?

네 있습니다. 첫째는 단순 암기를 진행했을 때와 비교해 성적이 향상되었습니다. "왜?"라는 질문을 하지 않고 암기한 지식은 질문이 조금만 달라져도 질문의 의도에서 벗어나는 답을 적어 애매한 성적을 받는 경우가 많았습니다. 하지만 왜 그런가를 생각하며 공부했을 때는 답변을 적을 때, 훨씬 수월했습니다. 그 이후로 성적 또한 이전 학기들에 비해 향상되었습니다.

둘째는 문제에 직면했을 때, 이를 해결하는 데 큰 도움이 되었습니다. 우리 연구실은 소듐이온전지 실험을 진행한 경험이 없었습니다. 설계대로 실험이 진행하고, 셀 테스트를 검증하기 위해서 많은 준비를 해야 했습니다. 이 과정에서 크고 작은 문제들이 나타났습니다. 예를 들면 전해질 제작 시 염이 녹지 않는 문제, 염이 재석출 되는 문제, 전해질이 소듐 금속을 산화시키는 문제들이 있었습니다. 그때마다 '왜 그럴까'를 생각하며 문제에 접근했습니다. 각각 적정한 온도 범위에서 염을 녹이고, 전해질을 서냉시키고, 내부에 들어가는 모든 물질을 효율적으로 건조해 문제를 해결했습니다. 전기화학 평가를 성공적으로 진행하여 원하는 결과를 얻을 수 있었습니다.

2. 소듐이온전지 고용량화의 방법을 설명해보세요.

단순 고용량화를 위해서는 이론 용량이 높은 소재를 활물질로 적용하는 방법이 있습니다.

무게당, 부피당 에너지 밀도를 높이는 방법은 음극 관점에서는 더 낮은 전위에서 리튬과의 반응이 일어나는 물질, 양극 관점에서는 높은 전위에서 반응이 일어나는 물질을 활물질로 적용합니다. 저는 이론 용량이 높은 소재인 흑린을 활물질로 적용해서 고용량화를 하고자 하였습니다. 흑린의 큰 문제인 부피 팽창을 최소화하고자 실험을 설계하고 진행하였습니다.

3. '합성된 복합소재의 합성 평가를 위해서 적합한 분석 방법을 고려하며 방향성을 잡았고'에서 분석 방법과 방향성을 설명해주세요?

저는 흑린과 탄소의 복합소재를 설계하였습니다. 소듐이온전지 활물질에 적용하여 강점을 살리기 위해 비교적 저렴한 공정을 통해서 이를 진행하고자 하였습니다. 즉 간단한 공정을 통해 복합화가 더 균일하게 되는 것이 본 실험의 핵심이었습니다. 복합화가 잘 되었음을 증명할 수 있음을 분석을 통해서 효율적으로 어떻게 보여줄 수 있을까를 먼저 고려하였습니다. XPS, FT-iR, EDS mapping 등의 분석을 통해서 P-C의 결합뿐 아니라 P-O-C 결합까지 확인할 수 있음을 논문 조사를 통해서 확인하였습니다. 이에 방향을 소수성을 띠는 흑린과 그래핀을 산화를 통해 친수성을 띠게 하면 더 균일한 복합화가 가능하며 이를 분석을 통해서도 간단하게 확인할 수 있을 것으로 생각해 흑린의 특성을 이용한 표면 산화와 산화 그래핀을 전구체로 활용해 균일한 복합소재를 만들고자 하였습니다.

4. '전기화학적 분석 결과 예상했던 성능이 나오지 않으면'이라 하셨는데 '예상했던 성능이란 무엇인가요?' 또 '성능이 나오지 않는 원인은 무엇인가요?'

들어간 흑린의 비율과 그래핀의 비율에 따라 설계할 때, 흑린의 비율이 증가하면 용량이 증가하는 것을 예상하고, 탄소의 비율이 증가하면 출력의 증가와 수명 특성의 향상을 기대합니다.

예상했던 성능이 나오지 않은 실험 설계가 잘못되었을 때, 혹은 전극 공정에서 문제가 있어 성능을 발현하지 못한 경우로 나뉩니다. 제 경우는 전극 공정상 전극의 점성이 너무 낮아 전극에 기공이 생기고, 균일성이 떨어지는 문제로 인해 불필요한 저항이 생겨 활물질이 성능을 발현하지 못했습니다. 용매의 양을 조절해서 점성을 높여 균일한 전극을 캐스팅해 기대했던 성능의 전극을 제작하였습니다.

5. 최적의 전극 조건을 어떻게 설계했습니까?

저는 최적의 전극 설계를 위해 두 가지 조건을 고려했습니다. 전극 공정으로 인한 저항을 최소화하는 것을 첫 번째 목표로 설정했습니다. 부피당 에너지 밀도를 고려해 성능이 저하되지 않는 부분까지 전극의 두께를 높이는 것을 두 번째 목표로 생각했습니다. 이를 위해 슬러리 제조 때 적정한 점성을 갖게끔 용매의 양을 조절했습니다. 전극에 공극을 최소화해 이온의 이동에 방해가 되지 않을 정도의 적합한 전극 밀도를 찾았습니다. 이후 로딩양을 늘려가며 전기화학적 분석을 진행하며 최적의 로딩양을 찾아 전극을 제작합니다.

6. 부피 팽창의 문제를 완화한 방법은 무엇인가요?

저는 그래핀과의 복합화를 통해서 부피 팽창으로 인한 문제를 완화하고자 하였습니다.

충전이 진행되며 흑린이 합금화 과정으로 소듐이온을 저장하면 팽창이 발생하는 것은 필연적입니다. 이를 억제할 수는 없습니다. 활물질의 팽창은 전극이 집전체로부터 떨어지거나, 활물질의 깨지는 등의 문제를 발생시킵니다. 이는 배터리의 수명과 출력을 떨어뜨리고 용량의 열화 원인이 됩니다.

이에 기계적 강도와 전기 전도도, 유연성이 우수한 그래핀을 복합소재와 합성하여 이를 완화하고자 하였습니다. 그래핀은 복합소재 내부에서 버퍼층으로 부피의 변화를 견딥니다. 음극 소재의 구조적 안정성을 유지하는 데 도움을 주며, 팽창과 수축과정에서 입자들 사이의 연결을 유지합니다. 응력을 분산시키는 역할을 하여 부피 팽창을 완화하는 데 매우 효과적입니다. 하지만 복합소재를 제작하는 방법은 대체로 비용이 많이 들거나 대용량 합성에 적용이 어렵습니다. 이는 소듐이온전지의 장점인 우수한 가격 경쟁력과 방향이 맞지 않다고 생각했습니다. 대용량으로 확장할 수 있는 고에너지 볼밀링을 통해 저렴하게 다량의 복합소재를 합성하고자 하였습니다. 복합소재의 균일성이 떨어지는 단점을 표면 산화로 개선하여 복합소재를 합성하였습니다.

7. 수명과 출력의 변화가 어떻게 개선되었는지 설명해주세요.

앞의 물리화학적인 분석으로 균일한 복합소재가 합성된다는 것을 알았습니다. 전기화학적 성능은 균일하게 합성이 되지 않은 복합소재와 비교하니 1A/g의 전류밀도에서 100 cycle 후 용량 유지율이 5%에서 65%로 크게 개선되었습니다. 출력 특성 또한 5A/g의 전류밀도에서 20%의 용량 유지율로 80% 넘게 개선되었습니다.

8. 당신의 실험이 우리 회사에 어떤 업무와 연관이 있는지요?

회사의 주요 업무는 첨가제 합성에 필요한 기기 분석과 해석, 개발된 전해액의 전기화학적 평가를 수행합니다. 전극 단위에서 저항을 최소화해 평가의 신뢰도를 올리는 것이 저의 실험과 연관이 있습니다.

저는 실험을 진행하면서 이차전지에 관련된 기초지식을 쌓았고, 목적에 맞춰 실험을 설계해보고 필요한 분석을 찾는 능력을 키웠습니다. 흑린 실험 외에도 리튬이온전지용 SiOx 음극제, Si alloy의 소듐이온전지용 하드카본의 전극 최적화를 진행하며 신뢰성 있는 결과를 얻고자 전극 공정을 진행해본 경험이 있습니다.

9. 실험을 통해 연구된 결과를 제품화한다면 어떤 변화가 있을까요?

소듐이온전지의 에너지 밀도 개선을 기대합니다. 기존의 소듐이온전지 음극재로 사용되는 탄소 계열 소재와 비교하였을 때, 용량 면에서 우수한 성능을 보이기에 소듐이온전지의 단점인 낮은 에너지 밀도를 개선하는 데 큰 도움이 될 수 있을 것으로 생각합니다. 하지만 단독으로 전극에 사용하기에는 수명 특성이 떨어지는 한계가 있습니다. 기존 음극에 사용되는 탄소 계열 소재와 혼합 전극을 만들어 적용한다면 에너지 밀도를 효과적으로 개선할 수 있을 것으로 예상합니다.

학교생활에 대해 기술하시오.

전공 설계 수업에서 진행된 한 학기 동안의 프로젝트에서 팀장을 맡아 배터리 설계 과제를 진행한 경험이 있습니다. 열정 넘치는 팀원들 사이에서 의견 충돌이 발생했고, 특히 한 팀원이 자신의 Si 음극 사용 제안이 존중받지 못한다고 생각하며 협력하지 않는 상황이 발생했습니다. 이로 인해 갈등의 골이 깊어졌습니다.

팀장으로서, 저는 팀원 간의 갈등 해결이 필요하다고 판단했습니다. 각 팀원과 개별적으로 대화를 나누며 그들의 의견을 듣고, 감정이 고조된 상태에서 의견이 제대로 전달되지 않아 서로를 무시하는 것처럼 느꼈던 부분을 이해했습니다. 이후 서로의 의견을 조율하고 타협점을 찾아 SiOx를 주제로 프로젝트를 진행하기로 결정했습니다. 이 접근법은 성공적이었고, 저희는 좋은 성적으로 프로젝트를 마무리할 수 있었습니다. 이 프로젝트를 진행하면서 갈등이 발생했을 때, 각자의 의견을 경청하고 조율하는 역할의 중요성을 깊이 깨달았습니다. 또한, 앞으로 갈등 상황에 직면했을 때, 이를 회피하지 않고 나서야겠다는 경험을 얻었습니다.

대학원 생활 중 연구실의 랩장으로서 1년간 연구실을 이끌며 장비 관리와 물품 재고 등을 담당했습니다. 이 기간에 연구실에 큰 도움이 될 실험 장비들을 얻어올 기회가 생겼지만, 연구실 전기 사용량이 이미 한계에 도달했습니다. 추가적인 전기 공사가 필요한 상황에 직면했습니다. 전기 공사에 대한 경험이 없는 상태에서 시설 관리팀, 장비 공급업체, 그리고 과 사무실 조교님 등 다양한 이해관계자와 소통하며 상황을 파악하고 필요한 조치를 확인했습니다. 필요한 공사 규모를 파악한 후 보고하고, 공사를 진행 이후 장비 설치와 수도 설치까지 완료했습니다. 이 과정에서 전문지식이 부족한 분야에도 불구하고 적극적으로 학습하고 문제에 직면하여 어려운 문제도 해결할 수 있다는 소중한 경험을 얻었습니다.

10. 학교생활에서 가장 힘들었던 점은 무엇이었나요?

- 이를 어떻게 해결했습니까?

학교생활에서 가장 힘들었던 부분은 하루에 여러 개의 시험이 몰렸을 때 가장 힘들었습니다. 제 단점과 연관이 있습니다. 시험공부를 하는데 생각이 많아 공부 효율이 떨어졌습니다. 그만큼 더 많은 시간이 필요했고 처음 여러 과목의 시험을 하루 만에 봤을 때 소홀한 과목이 있었습니다.

이를 해결하기 위해서 평소에 기본적인 복습을 진행해 어느 정도 기반을 미리 다져놓았습니다. 시험 일정이 잡히면 바로 준비하며 이를 대비하였고, 시험이 몰렸을 때도 소홀한 과목 없이 시험을 마무리한 경험이 있습니다.

11. 공동의 프로젝트를 진행할 때 가장 중요한 덕목은 무엇이라고 생각하십니까?

저는 소통이 프로젝트를 진행할 때 가장 중요한 덕목이라 생각합니다. 개인이 아무리 유능해도 팀 내에서 소통이 되지 않으면 올바른 방향을 설정하고 프로젝트를 함께 진행하는 데 큰 어려움이 있을 것입니다. 반면 개인의 능력이 다소 부족하더라도 팀원들과 소통을 통해서 올바른 방향을 잡을 수 있다면 부족한 능력은 서로서로 피드백하고 보완해주며 프로젝트를 수행할 수 있습니다.

본인 성격의 장점과 단점을 기술하시오.

저의 장점은 유연한 사고방식이라고 생각합니다. 항상 다양한 각도에서 생각하려 노력합니다. 제 생각과 전혀 다른 의견도 이해되면 수용하며 받아들이는 태도를 갖고 있습니다. 소듐이온전지 실험을 세트업 하면서 많은 어려움이 있었습니다. 생각해야 하는 부분들도 많았습니다. 혼자만의 생각으론 결론을 도출하는 데 한계가 있었습니다. 주로 동료들과 토의하며 의견과 생각을 공유하며 다양한 시도를 하였습니다. 결국 소듐이온전지의 전기화학적 평가를 성공적으로 이루어 낸 경험이 있습니다. 어려움에 부딪혔을 때 이러한 성격으로 원활히 소통하며 협력해 문제를 해결하겠습니다.

제 단점은 생각이 너무 많다는 것입니다. 항상 생각이 너무 많아 업무 효율이 떨어진다고 생각합니다. 여유 있게 수행해야 하는 과제를 완수하여도 마감까지 계속 과제에 대해 생각하며 수정에 수정을 반복합니다. 이에 따라 다른 업무의 효율이 떨어지게 되는 문제가 있었습니다. 이를 해결하기 위해 다른 업무에 지장이 가지 않는 범위에서 스스로 한계선을 정합니다. 그 이후에는 생각하지 않으려 노력하며 효율적으로 작업하기 위해 최선을 다하고 있습니다.

12. '혼자만의 생각으론 결론을 도출하는 데 한계가 있어, 주로 동료들과 토의하며 의견과 생각을 공유하며 다양한 시도를 하였다'라고 말씀하셨는데 동료들과 토의는 어떤 방식으로 했습니까?

토의 전, 제 생각을 정리합니다. 저는 이런 식으로 생각하는데 동료의 생각은 어떤지 물어보고 생각이 다르다면 다르게 생각한 이유를 경청합니다. 서로의 의견을 설득하며 제가 놓친 부분이 있다면 그것을 받아들여 보완했습니다. 제 의견으로 동료를 설득하여 방향이 맞다고 판단되면 실험을 진행하였습니다.

13. 서로 생각이 다를 때 어떻게 소통했나요?

제 의견과 다른 부분이 있다면 그 의견에 대해서 서로의 논리로 토론을 진행합니다.

실리콘 합금 전극을 제작할 때, '전극 압착을 진행해야 하는가'에 대해 동료와 생각이 달라 서로 의견을 교환한 경험이 있습니다. 제 생각은 실리콘 합금은 부피 팽창이 심합니다. 압착하면 좁은 공간에 많은 활물질이 생성됩니다. 저는 수명 특성에 악영향을 끼친다는 견해이었고, 동료의 입장은 합금화로 부피 팽창 완화를 위한 대책은 갖추어져 있으므로 압착으로 공극을 줄이고, 전극을 균일하게 제작하는 것이 더 전기화학적 특성에 긍정적인 영향을 미칠 것이라는 입장이었습니다. 부피 팽창으로 인한 문제가 완화되었더라도 가해지는 응력이 강해지면 압착 전보다 수명에 악영향을 끼칠 것으로 생각되었습니다. 공극과 균일성 부분에서 저는 설득되었고, 동료 또한 압착으로 인한 수명의 열화를 이해하였습니다. 압착을 진행하되 수명 특성을 고려해 적정한 밀도로 압착을 진행하고자 방향을 잡았습니다. 적정 밀도를 찾아 전기 화학 평가를 성공적으로 마무리하였습니다.

14. 자신의 주장에 대해 반대하면 어떻게 대처합니까?

반대하는 이유에 관해 이야기를 들어보고 논리적으로 설득력이 있으면 반영하겠습니다. 만약 설득력이 없으면 그렇게 생각하는 부분에 대해서 제가 다시 의견을 제시하며 서로의 의견 차이를 좁혀나갈 것입니다. 상대방이 제 의견을 반대하는 이유를 확인한 후, 그 이유가 설득력이 있는지를 생각합니다. 합당하면 받아들입니다.

15. 다양한 시도를 하였다는데 어떤 방법들이었나요?

소듐 전해질을 제작할 때, 동료와 의견을 공유하며 문제의 해결에 접근해 나간 경험이 있습니다. 이때 염이 녹지 않는다면 염이 녹으면서 증발하지 않는 온도를 찾기 위한 시도를 진행하였습니다. 석출된다면 석출의 원인을 동료들과 함께 의심하며 과포화 용액의 석출을 억제하기 위해 충격, 온도, 스터링 속도 등을 통제하는 시도를 하였습니다.

16. 단점으로 일을 망친 경험이 있습니까?
- 어떻게 극복했나요?

지나치게 생각을 많이 합니다. 일이 밀려 작성한 과제 제안서를 마감일까지 완성하지 못할뻔한 경험이 있습니다. 이때 제시간에 임무를 완수하기 위해서 방식의 변화가 필요하다고 생각했습니다. 남은 시간을 나누어 데드라인을 정합니다. 이후에는 이전 부분을 신경 쓰지 않고 작성을 진행합니다. 검토는 마지막에 한 번 진행하는 방식으로 다듬으며 이를 극복했습니다.

지원동기와 입사 후 포부를 기술하시오.

빠르게 성장하는 ○○○에서 함께 배터리 산업에 미래를 선도하고 싶습니다. 현재 전기차의 대중화를 위해 배터리가 충족해야 하는 핵심 요구 성능은 안정성과 가격, 에너지 밀도 그리고 출력입니다. 전해질과 전해질 첨가제는 전기차에 대한 주된 우려 사항 중 하나인 안정성 확보에 핵심 소재입니다. 동시에 에너지 밀도와 출력의 향상에 필수 재료입니다. 이러한 중요한 분야에서 ○○○은 공격적인 투자와 전해질의 신뢰성을 기반으로 최고의 전해질 기업으로 성장했습니다. ○○○은 연구 개발과 사업 확장에 지속해서 투자하고 있고, 연구 개발에서도 선두주자가 될 것으로 생각합니다. ○○○의 미래 지향적인 비전에 이바지해 함께 성장하고 싶습니다.

저는 소듐이온전지 음극 활물질인 흑린의 부피 팽창 억제를 위한 복합재료 합성 연구를 진행했습니다. 이 과정에서 다양한 어려움에 직면했으며, 문제를 해결하기 위해 항상 "왜"라는 질문을 던지며 동료들과의 토의와 지속적인 공부를 통해 해답을 찾아 나갔습니다. 전해질 첨가제 역시 문제 해결을 위해 접근하는 방법은 크게 다르지 않다고 생각합니다. 제가 연구를 통해 얻은 경험과 문제 해결을 위한 접근법을 바탕으로 전해질 관점에서 제조공정, 특성, 평가 분석법 등을 공부하면서 더 우수한 전해질 첨가제를 합성하는데 이바지하겠습니다.

17. ○○○이 성장하기 위해 가장 역점을 두어야 하는 사업은 무엇이라고 생각하나요?

○○○이 성장을 위해서는 첨가제 산업이 가장 핵심이라 생각합니다. ○○○은 액체 전해질에서 한국 최고의 기업으로 공격적인 투자와 신뢰성을 기반으로 현재 위치까지 성장했습니다. 그러나 전기 자동차는 현재

안전성, 에너지 밀도 등의 문제로 케즘존을 넘지 못해 판매량이 늘지 못하고 있습니다. 이를 난연성 첨가제, 실리콘용 첨가제 등으로 개선할 수 있다면 ○○○이 전기자동차 보급에 큰 영향을 미칠 수 있을 것입니다.

18. ○○○의 성장을 위해 지원자는 어떤 역할을 해야 할까요?

○○○의 성장을 위해서 저는 첨가제 개발을 하며 신뢰성 있는 첨가제를 개발해야 합니다. 기존 전해질 분야에서 ○○○은 이미 최고의 신뢰성을 가지고 있습니다. 해외에 있는 이차전지 공장 근처에 전해질 공장을 짓고 전해질을 공급하는 공격적인 투자로 최고의 전해질 기업으로 성장했습니다. 수명 특성, 안전성 개선에 도움이 되는 첨가제를 개발 기존 전해질에 혼합해서 제공한다면, 다른 전해질 회사와 비교하면 강점이 될 수 있습니다. 이는 더 많은 수요를 기대할 수 있고 ○○○의 성장으로 이어질 것입니다.

19. 앞으로 5년 후에 지원자는 어떤 위치와 역할을 하고 있을까요?

제가 ○○○에 입사하여 어떤 연구를 하게 될지는 잘 모르지만, 어느 부서에 배정되더라도 그 분야에 전문가로 성장할 것이라 자신합니다.

구체적으로 말씀드리기 위해 첨가제 개발을 중점으로 포부 및 목표를 말씀드리겠습니다.

현재 전기자동차의 보급을 위해서 가장 중요한 부분은 안전성입니다. 따라서 저는 성능이 저하되지 않는 선에서 화재를 예방할 수 있는 난연성 전해질 첨가제를 개발하는 일을 하고 있을 것입니다. 열 폭주의 과정 중 첫 단계인 SEI 분해는 현재보다 고온에서 진행됩니다. 필요한 첨가제를 연구하여 안전한 배터리를 만드는 데 기여하고 싶습니다.

20. 우리 회사에 지원한 이유는 무엇인가요?

○○○은 한국 최고의 전해질 회사로서 신뢰성 있는 전해질을 제공합니다. 공격적인 투자를 성공적으로 진행하여 현재 위치까지 빠르게 성장하였습니다. ○○○의 사업을 선정하는 안목과 공격적인 투자로 선점하여 성장하는 모습을 보았습니다. 앞으로 ○○○은 더 크고 훌륭한 기업으로 성장할 것으로 생각합니다. 첨가제 개발과 전해질 개선 부분에서 얻은 저의 실험 경험을 기반으로 생각하며 개발을 진행하여 ○○○의 빠른 성장을 돕고자 지원하였습니다.

21. 지원한 분야를 위해 어떻게 공부했나요?

전해질에 대해 기초부터 다시 공부하였습니다. 전해질을 구성하는 cyclic, linear carbonate의 특징과 이를 혼합하는 이유와 각각의 용매를 선정하는 기준을 공부하였습니다. 첨가제가 셀 내부에서 어떤 영향을 주는지를 알기 위해 연구하고 첨가제가 어떻게 셀 개발에 이바지할 수 있는지를 논문을 보며 공부하였습니다.

22. 공부하면서 어려웠던 점은 무엇이었나요?

FEC 첨가제를 공부할 때 어려움이 있었습니다. FEC 첨가제는 균일하고 얇은 SEI layer를 생성하여 출력을 높여 부피 팽창을 완화하는 데 효과적입니다. 저는 이때 더 얇아진 SEI layer가 부피 팽창으로 발생하는 문제를 어떻게 완화하고, 어떤 효과가 있는지 이해하지 못했습니다.

이 부분이 어려웠습니다. 하지만 논문을 읽고 나서 FEC에서 생성된 SEI layer의 구조적 강도 증가에 영향을 주는 것을 확인하고 이를 극복할 수 있었습니다.

23. 지원자가 쓴 논문이 우리 회사에 어떤 도움을 줄까요?

제가 논문을 쓰기 위해 진행한 분석과 분석을 해석하기 위해 키운 능력은 첨가제를 개발에서 분석을 진행할 때 도움이 될 것입니다. 전극으로 발생하는 변수를 최소화하는 전극 최적화는 제작된 전해질 테스트에서 실험 결과의 신뢰성을 올리는데 이바지할 수 있을 것입니다.

24. 회사에서 이루고 싶은 꿈은 무엇입니까?

제가 회사에서 이루고 싶은 꿈은 안전한 배터리를 만드는 것입니다. 안전한 배터리를 만들 수 있다면 전기 자동차의 케즘존을 극복할 수 있습니다. 이는 배터리 연구자가 할 수 있는 최고의 연구라 생각합니다.

25. 회사에서 업무를 하게 된다면 어떤 문제가 발생할까요? 3개만 말해주세요.

- 그 문제를 어떻게 해결하겠습니까?

회사 업무 중 발생할 것으로 예상되는 문제는 적합한 첨가제 찾기와 진행된 연구의 사업화를 위한 대용량화, 건강 문제가 발생할 것이라 예상합니다. 현재 전해질 첨가제 관련해 연구가 많이 진행되었습니다. 기존 VC와 FEC를 뛰어넘는 첨가제를 찾는 것은 어려울 것으로 예상합니다. 이를 해결하기 위해 논문을 통해 여러 후보군을 정하고 더 뛰어난 첨가제를 찾는 연구를 하고 싶습니다. VC와 FEC의 제작 가격을 줄이거나 대용량으로 합성하는 방법에 관한 연구도 진행하겠습니다. 전해질은 화학적으로 활성이 있어 오래 노출되면 건강에 해롭습니다. 건강 악화를 예방하기 위해 적합한 보호 장비를 항상 착용하고, 주기적으로 건강검진을 받아 건강을 유지하겠습니다.

4부

토론 면접

토론 면접에서
업무역량을 보여주는 방법

설득하는 말하기의 방법

기업의 토론 면접은 지원자가 입사해서 업무를 할 때, 협업할 수 있는 능력을 갖췄는지와 동료와 상대방에 대한 배려심을 발휘하고 있는가를 파악하려고 합니다. 일반적인 토론은 주제에 대해 명확하게 자신의 주장과 근거를 제시하고 반론을 제대로 하는 것으로 승부를 가릅니다. 하지만 입사에서 토론 면접을 하는 이유는 지원자의 지적 수준만을 알려고 하는 것이 아닙니다. 문제상황이 닥쳤을 때, 동료와 함께 이를 헤쳐 나가는 협업능력을 알고자하는 것입니다.

취준생이 토론할 때, 그 과정에서 그들의 말속에 자연적으로 성품과 업무역량이 드러납니다. 토론이 진행되면 말의 속도가 빨라지고 발언 속에 지원자의 내면이 자연스럽게 드러납니다. 이 순간을 면접관들은 놓치지 않고 봅니다. 타인을 어떻게 배려하며 설득하는지, 팀 동료와 어떻게 협력을 이끌어내는지, 위기에 처했을 때 어떻게 해결하는지를 토론 면접으로 알아냅니다.

찬반 토론에서 상대는 적이 아닙니다. 단지 역할을 그렇게 맡았을 뿐입니다. 상대를 이기기 위해 거침없이 경쟁하기보다 상대의 발언을 인정하고 배려하며 설득하는 말하기가 중요합니다. 토론에서 자신의 업무역량을 잘 드러내려면 상대의 주장에 대해 반론을 제기할 때, 다음과 같이 말할 수 있도록 연습해야 합니다.

상대방께서는 ~~한 말씀을 하셨습니다.
네 저도 그것의 효과(이익)를 인정합니다.
하지만 제가 주장하는 ~~한 방법을 사용한다면 좀 더 효과가 있을 것이라 생각합니다. 어떻게 생각하십니까. 말씀해주십시오.

토론하는 취준생은 상대를 배려할 뿐만 아니라 자기와 함께 하는 동료를 배려해야 합니다. 자신이 발언하고 난 이후에 함께하는 동료가 발언할 수 있도록 기회를 제공해야 합니다. 자신이 토론에서 모든 발언을 다 하는 것은 이기적인 태도입니다. 동료가 상대방의 질의에 답변하지 못하는 위기에 처하면 도와줄 수 있어야 합니다. 이때 상대방의 양해를 구해야 합니다.
"제가 대신 대답해도 될까요?"라고 물어봐야 합니다.

토론에서 주장과 근거 말하기 방법

자신의 주장에 합당한 근거를 제시할 수 있어야 합니다. 근거를 제시하는 것은 자신의 발언에 책임지는 것입니다. 사람은 이익보다 손해에 민감합니다. 이를 자신이 주장할 때 활용해야 합니다. 주장과 근거를 제시할 때, 먼저 현재 상황으로 발생할, 또는 주장대로 하지 않았을 때 나타나는 손해를 말합니다. 이후에 자신의 주장과 근거대로 조치를 취했을 때, 사람들이 얻을 이익을 제시합니다. 손해를 먼저 말하고 이익을 그 후에 말하는 훈련을 해야 합니다. 그래야만 채용관이 당신의 발언을 신뢰합니다.

저는 반려동물의 안락사로 시민들이 안전한 삶을 살 수 있을 것이라 생각합니다. (주장)

유기되는 반려동물로 인해 사람들에게 많은 피해가 발생하고 있습니다. 우리나라는 자신이 키우던 반려견을 유기하는 사례가 지속적으로 증가하고 있습니다. 사람의 신변을 위협하는 일까지도 벌어지는 심각한 상황입니다.

(시민들이 겪는 피해와 위협)

저도 생명이 소중하다는 것을 알고 있습니다. 유기동물의 생명이 하찮다고 주장하는 것이 아닙니다. 하지만 많은 반려동물이 유기되면서 이로 인해 질병과 인간에 대한 위협 등의 피해가 계속해서 발생합니다. 이 피해는 어린이와 노약자에게는 직접적으로 생명의 위험까지 초래합니다. 반려동물을 안락사를 허용한다면 질병으로 인한 피해와 위협에서 우리 어린이와 노인뿐만 아니라 시민 모두가 건강하고 안전한 삶을 살 수 있을 것입니다. 이러한 이유로 반려동물의 안락사를 찬성합니다.

(주장을 정당화하는 근거 제시 - 시민들이 누릴 수 있는 건강과 안전을 제시한다.)

상대의 주장에 대한 반론과 질의

토론하는 사람은 상대의 질의에 반드시 대답해야 합니다. 대답하지 않는 것은 상대방의 주장을 전적으로 수용한다는 의미입니다.

어린이와 노인과 시민의 건강하고 안전한 삶을 제가 반대하는 것은 아닙니다. 인간다운 삶을 위해 당연히 보호받고 지켜져야 할 권리이기도 합니다.

(상대방의 주장의 긍정적인 면을 말한다.)

하지만 해마다 우리나라는 주인이 키우지 못해 반려동물을 유기하는 사례가 증가하고 있습니다. 휴가를 맞이하면 많은 사람들이 키울 수 없는 반려동물을 유기하는 사례가 많습니다. 어쩌면 반려동물의 유기가 훨씬 더 많은 고통을 주는 행위라고 생각합니다.

(현재의 문제점과 그 심각성을 제기한다.)

주인이 키울 수 없는 대부분의 반려동물은 나이가 많거나 병들어 주인에게 큰 심적, 경제적 부담을 줍니다. 반려동물 주인들이 이들을 유기하는 것도 이와 같은 부담에서 벗어나고자 하는 방책일 것입니다. 국가는 국민의 행복을 위한 정책을 고민해야 합니다.

(자기 주장의 근거를 제시)

상대방의 주장에 대해 반론을 말하고 다시 질문합니다. 질문이 토론의 핵심 능력입니다.

돈이 지출되는 어려움도 있다는 것은 맞습니다. 하지만 단지 경제적인 이유만을 고려하여 반려동물을 안락사 시키는 것은 생명이라는 고귀한 가치를 훼손하는 것이라 생각합니다. 생명은 동물이든 사람이든 누구에게나 보호받아야 합니다. 어떻게 생각하시니까?

어떻게 준비할까

인터넷으로 살펴보면 토론의 주제는 생각보다 많지 않습니다. 그중에서 최근 사회적으로 논쟁이 치열한 시사 이슈를 중심으로 찬성과 반대 각각에 대한 주장과 근거 쓰기, 주장과 근거에 대한 반론 제기하기를 글로 써서 준비합니다. 토론은 상대가 있는 말하기입니다. 가능하다면 자신의 주장을 듣고 반론을 제기할 수 있는 조력자와 함께 토론해야 합니다. 다음은 1:1 혹은 2:2로 토론하는 방법입니다. 이 논제로 연습하면서 실력을 키우세요.

논제에 대해 주장과 근거를 쓰기 어렵다면 AI를 활용해도 됩니다. 다만 아직은 AI가 만족스럽지 못합니다. 자신이 원하는 글로 스스로 첨삭을 하여야 합니다.

토론 면접 준비를 위한
자유토론

논제: 최저임금을 인상해야 한다.

방식: 2대2 자유토론 20분(1대1 토론으로도 가능함)

활동	시간	유의사항
입론	2분	가위바위보로 입론 순서를 정한다.
입론	2분	
교차질의	10분	작전 시간 2분을 포함한다. 작전 시간 미요청 시 교차질의로 10분을 사용한다.
최종 변론	1분	두 번째 입론한 팀이 먼저 한다.
최종 변론	1분	
평가와 소감	4분	토론한 소감과 상대방의 장점과 배운 점을 발표한다.

찬성1 입론(주장과 근거)

우리나라 헌법 제34조는 '모든 인간은 최소한의 인간다운 삶을 보장받을 권리가 있다.'고 명시하였습니다. 노동자의 인간다운 삶을 위해 최저임금 제도를 시행하는 것입니다.

첫째, 최저임금 인상은 소비를 촉진해 경제에 도움이 됩니다. 지금 우리 경제는 심각한 위기입니다. 거리 곳곳 지나면 건물 임대라고 쓰인 글귀가 매일 늘고 있습니다. 경제의 뿌리인 자영업은 심각한 위기고 중소기업 또한 운영난을 겪고 있습니다. 최저임금을 올리면 구매력이 향상된 노동자는 소비를 많이 할 것입니다. 노동자의 소비는 바로 자영업과 중소기업의 매출 신장과 경제 활성화로 이어질 것입니다. 더불어 소득을 많이 얻게 된 노동자의 노동 생산성도 오를 것입니다.

둘째, 사회 불평등을 완화할 수 있습니다. 최저임금 인상은 소득의 불평등을 완화하는 데 기여할 수 있습니다. 전 세계적인 양극화로 빈부의 격차가 심각하게 벌어지고 있습니다. 우리나라도 심각한 양극화가 진행 중입니다. 물가는 계속해서 오르고 있지만 임금 상승은 제자리를 벗어나지 못하고 있습니다. 저임금 노동자들이 더 많은 수익을 얻게 되면, 사회 경제적 격차가 줄어들 수 있습니다. 이는 사회의 공정성을 높이고, 경제적으로 취약한 계층의 경제적 안정성을 강화할 수 있는 긍정적 영향을 가져올 수 있습니다.

셋째, 최저임금 인상은 저임금을 받는 노동자들의 생계를 보장하는 데 중요한 역할을 합니다. 많은 저임금 노동자들은 기본적인 생활비를 충당하기 어려워 경제적 어려움을 겪고 있습니다. 이는 우리 사회의 위기를 강화하고 있습니다. 임금으로 최소한의 주거 공간과 치솟는 자녀 교육비로 생활이 어렵게 되면서 노동자들은 결혼하고도 아이를 낳지 않습니다. 이 상황이 지속된다면 장래에 대한민국은 사라질지도 모릅니다. 최저임금 인상은 이들에게 더 나은 생활 수준을 제공하고, 경제적으로 존엄한 삶을 유지할 수 있는 기회를 제공합니다.

이상으로 찬성 측 입론을 마칩니다.

반대1 입론(주장과 근거)

지금 우리 경제는 심각한 위기입니다. 수출이 막히고 환율이 오르며 우리 기업의 경쟁력이 점차 사라지고 있습니다. 이는 수출로 살아가는 우리 경제에 커다란 타격을 주고 있습니다.

첫째, 최저임금 인상은 경제에 치명타를 줄 수 있습니다. 임금이 상승하는 것은 그만큼 기업에게 비용을 증가시키는 것입니다. 이는 곧바로 기업 제품이나 서비스 가격의 상승으로 이어집니다. 이는 고객들에게 물가 상승을 초래할 수 있고, 전반적으로 경제적 불안정 요소를 초래할 가능성이 있습니다. 특히 수출로 먹고사는 우리 경제에 심각한 타격을 줄 수 있습니다. 제품의 생산 비용이 증가하면서 수출하는 기업들의 경쟁력이 악화될 수 있습니다. 이는 장기적으로 경제 성장에 부정적인 영향을 미칠 것입니다.

둘째, 고용 위기를 초래할 수 있습니다. 최저임금 인상은 기업들에게 추가적인 고용 비용을 부담하게 만듭니다. 특히 소규모 기업이나 경제적으로 취약한 업종에서는 임금 비용 상승으로 인해 추가적인 고용 부담을 감당하기 어려울 수 있습니다. 이는 기업들이 일자리를 줄이거나 고용 증가율을 낮출 가능성을 내포하고 있습니다. 신입사원이나 경험이 부족한 노동자들에게 더욱 부정적인 영향을 미칠 수 있습니다. 노동자의 안정적인 삶을 위해 만든 제도가 역으로 노동자의 고용을 저하해 삶의 질을 나락으로 빠뜨릴 수 있는 제도가 될 가능성이 큽니다.

셋째, 물가가 상승하여 경제에 악영향을 줄 것입니다. 최저임금이 인상되면 기업은 바로 인건비 상승에 부딪힙니다. 인건비는 많은 상품과 서비스, 특히 소매업, 숙박업, 음식업 같은 부문에서 생산 비용의 상당한 부분을 차지합니다. 바로 기업의 경영을 더욱 어렵게 할 수 있습니다. 비용인 인건비가 많이 지출되면 물가가 상승할 수 있습니다. 증가된 비용으로 경영이 어려워진 기업은 더 높은 가격으로 이를 소비자에게 전가할 것입니다. 임금이 인상된 것은 곧바로 물가 상승으로 이어지고 이는 근로자뿐만 아니라 일반 소비자의 삶도 힘들게 하는 상황이 될 것입니다.

자유토론

사회자: 지금부터 교차질의를 시작하겠습니다. 어느 팀이든 자유롭게 발언할 수 있습니다. 시간은 10분이고 작전 시간은 찬성과 반대 각각 1분씩 사용할 수 있습니다. 작전 시간을 요청하지 않으면 계속 진행하겠습니다.

찬성 2: 최저임금 인상이 기업의 비용 증가로 이어질 가능성이 있습니다. 하지만 최저임금이 인상되었을 때, 소비자의 구매력이 높아져 내수가 활성화될 가능성이 있습니다. 내수가 활성화되면 지금 굉장히 어려움에 빠진 자영업이 살아나고 이는 경제를 다시 좋게 할 수 있습니다. 어떻게 생각하십니까?

반대 1: 인건비가 상승하면 기업들이 인건비 증가를 감당하기 어려워집니다. 그 결과 반대로 기업이 고용을 줄이거나 자동화 기술을 도입하는 등 인건비를 절감하는 방안을 찾을 수 있습니다. 이는 일부 노동자들의 실직으로 이어질 수 있으며, 오히려 경제 전반에 부정적인 영향을 줄 수 있습니다.

수출 중심의 경제 구조를 가진 우리는 생산비 증가로 인해 수출 상품의 가격 경쟁력이 약화될 수 있습니다. 이는 국제 시장에서의 경쟁력을 떨어뜨리고, 장기적으로 경제 성장에 부정적인 영향과 고용 불안을 일으킬 수 있습니다.

반대 2: 찬성 측은 '최저임금 인상이 소비를 촉진해 경제에 도움이 된다'고 말씀하셨습니다. 맞습니까?

찬성 1: 맞습니다.

반대 2: 하지만 임금이 상승하면 기업의 비용도 늘어나 생산성이 떨어질 것입니다. 또한 중소기업과 자영업자는 임금 상승으로 바로 어려움에 처하게 될 것입니다. 이에 대해 어떻게 생각하십니까?

찬성 1: 최저임금 인상은 근로자의 사기와 만족도를 높여 생산성 향상으로 이어질 수 있습니다. 잘 대우받는 노동자들은 더 열심히 일하고, 직장에 더 오래 머물며, 이직률이 낮아져 기업의 인력 관리 비용을 줄일 수 있습니다. 또한 최저임금 인상되면 노동자들의 구매력이 높아져 소비가 증가합니다. 내수가 활성화됩니다. 이는 중소기업과 자영업자들에게 더 많은 매출 기회를 제공하여 경제 전반에 긍정적인 영향을 미칠 수 있습니다.

사회자: 이제 시간이 다 되었습니다. 토론의 마지막입니다. 반대 측 최종 변론

부탁드립니다.

반대 2: 최저임금 인상은 심각한 문제가 있기에 신중한 접근이 필요합니다. 중소기업과 자영업자의 부담 증가입니다. 둘째, 고용 감소 우려입니다. 셋째, 물가 상승의 위험성입니다. 중소기업과 자영업자들의 부담, 고용 감소, 물가 상승, 수출 경쟁력 저하 등의 문제점을 해결하기 위한 종합적인 정책이 필요합니다. 경제와 사회의 안정성을 위해서는 균형 잡힌 논의와 신중한 결정이 필요합니다. 이상으로 반대 측 최종 변론을 마칩니다.

찬성 2: 찬성 측 최종 변론하겠습니다. 최저임금 인상은 소득 불평등 완화와 소비의 증가로 경제가 활성화되며 생산성까지 향상됩니다.

임금 인상에 따른 부작용보다 긍정적인 면이 훨씬 큽니다. 이러한 긍정적인 효과들은 최저임금 인상이 단순히 비용 증가로만 인식되지 않고, 사회와 경제 전반에 걸쳐 다양한 긍정적인 변화를 가져올 수 있음을 보여줍니다. 최저임금 인상이 신중한 계획과 정책적 지원을 통해 잘 실행된다면 힘든 우리 경제 큰 이익을 가져줄 수 있습니다. 이상으로 찬성 측 최종 변론을 마칩니다.

사회자: '최저임금을 인상해야 한다'의 논제로 열띤 토론을 했습니다. 최종적으로 오늘 토론으로 배운 점과 소감 한마디하고 마치도록 하겠습니다.

※ 지면 관계로 상대방의 주장과 근거 중 하나만 선택하여 토론하는 과정을 실었습니다. 주장과 근거 중 나머지는 직접 토론하시기 바랍니다. 사회자의 평가와 참가자의 소감도 삽입하지 못했습니다.

5부

자소서와 면접을 위한
합격자와의 인터뷰

자소서와 면접을 위한
합격자와의 인터뷰

Q. 자소서 항목 중 가장 어려웠던 것은 무엇이었습니까?

A. 자소서 항목 중 가장 먼저 나오는 지원동기가 가장 어려웠습니다. 제가 가진 스토리와 해당 기업 및 직무와의 연결고리를 찾기 위해 많은 시간을 투자했습니다. 내가 경험한 스토리와 해당 기업, 및 직무와의 연결고리를 찾아 업무역량을 잘 쓰는 것이 가장 중요합니다. 지원 동기가 다른 기업에도 똑같이 적용된다면 문제가 있는 것이니 이 점을 유의해서 썼으면 좋겠습니다.

Q. 자소서 쓰기가 어려운 이유는 무엇인가요?

A. 글쓰기 교육의 부재라고 생각합니다. 학교에서 자신의 생각으로 다른 사람을 설득하는 말하기와 글쓰기 교육이 중고등학교와 대학교에서 거의 없습니다. 학생이 말과 글로 자기 생각을 표현하여 타인을 설득하는 것을 못 배

웠기 때문입니다. 그래서 자소서를 쓰고 면접을 하는 것이 어려운 것입니다. 자소서와 면접은 자신의 업무역량을 어떻게 보여주느냐에 따라 합격 여부가 결정됩니다. 업무역량을 표현하는 글쓰기와 말하기를 가르쳐주는 곳이 많지 않습니다. 핵심을 정확히 알고 준비를 해야 합니다.

Q. 자소서를 잘 쓰려면 어떤 준비가 필요한가요?

A. 업무역량을 잘 드러내려면 자기가 입사하려는 곳에 대해 장기간의 준비가 필요합니다. 대학교 입학 때부터 준비하시기를 바랍니다. 내가 어떤 일을 하고 싶은지, 어떤 일을 할 때 행복한가를 고민해야 합니다. 공부든 다른 활동이든 목표를 설정하고 계획을 세워 실행하는 습관을 들여야 합니다. 모든 활동을 잘 기록해야 합니다. 블로그나 포트폴리오를 작성하세요. 그래야 잘 쓸 수 있습니다.

자신이 입사하려는 곳이 어떤 사업을 하는 곳인지 알고 있어야 합니다. 홈페이지를 활용하고 기업의 제품이나 서비스를 이용해봅니다. 입사하려는 곳에서 지금 근무하는 현직자를 만나 정보를 얻는 것도 필요합니다. 기업분석을 제대로 하면 자소서 쓰기와 면접의 기본이 된 것입니다. 사람은 자신과 말이 잘 통하는 사람을 좋아합니다. 기업분석으로 기업의 업무와 활동을 잘 알고 있으면 면접관에게 신뢰를 줄 수 있습니다.

저만의 스토리를 만들기 위해 노력했습니다. 대학 시절 방학 때마다 인턴을 하며 사회 경험을 쌓았고, 취업을 준비하면서도 단기 계약직 업무를 하며 업무 경력을 쌓았습니다. 제가 가진 경험을 기반으로 지원한 기업에게 맞는 스토리를 짜는 데 가장 많은 시간을 투자했습니다.

Q. 자소서 글쓰기의 특별한 방법이 있나요?

A. 자소서는 처음부터 글자 수를 맞추려 하지 마세요. 최대한 많은 분량을 쓰세요. 하나의 경험이 있다면, 시간과 장소를 쓰고 사건의 전개 과정을 그대로 서술합니다. 사건의 전개 과정에서 자신의 감정 상태와 느낀 점, 배운 경험이 꼭 나타나도록 글을 씁니다. 전체를 썼으면 자소서 요구사항에 맞게 글자 수를 조정합니다. 핵심만 남기고 부차적인 설명은 제거합니다.

글자 수를 많이 쓰면 면접에서 대단히 많은 도움을 받습니다. 면접관이 활용하는 자료는 자소서입니다. 면접은 자소서를 기반으로 해서 질문을 합니다. 내용을 자세히 썼다면 면접에서 쉽게 대답할 수 있습니다.

Q. 자소서를 쓰는 것 자체가 힘듭니다. 어디서부터 시작해야 할지 모르겠습니다?

A. 다양한 방법이 있습니다. 제가 추천하는 방법은 먼저 인생그래프를 그려 자소서에 쓸 자신의 업무와 관련된 역량을 알아내야 합니다. 다음 자소서 항목을 PPT로 만들어 발표해보세요. 발표한 이후에 글로 쓰면 쉽게 써집니다. 제가 오랫동안 취준생을 가르치면서 배운 노하우입니다. PPT를 작성한 것을 말로 발표하면 자소서에 쓸 내용이 머릿속에서 정리가 됩니다. 말로 하였기에 면접 준비까지 마친 것이죠.

그 외에도 마인드맵을 활용해도 됩니다. 아니면 자신이 살아온 과정을 연도별로, 생각나는 대로 적습니다. 쓰다 보면 많은 체험과 경험을 떠올릴 수 있습니다. 자소서 항목에 맞는 경험을 선택해서 쓰면 되겠지요. 자기 안에 있는 것을 최대한 많이 써보세요.

Q. 면접을 잘 보는 데 필요한 취준생의 자세는 무엇인가요?

A. 자신감입니다. 자신감은 사전에 준비한 만큼, 연습을 많이 하면 할수록 생깁니다. 면접관들이 여러 명이었습니다. 각각의 면접관들이 질문할 때마다 집중했습니다. 면접에서 계속 마인드컨트롤 하며 여기서 일하고 싶다는 열정을 보였습니다. 겸손하고 바른 자세를 유지하는 것도 꼭 필요합니다.

Q. 전혀 예상하지 못한 질문이 있었는지요.

A. 질문과 답변을 300개 정도 준비했습니다. 예상과 완전히 다른 질문은 없었습니다. 인터넷에 '면접 예상 질문'으로 검색하면 몇백 개 정도 나옵니다. 프린트해서 하나하나 소리 내면서 답변해보면 도움이 많이 됩니다. 예상을 조금 빗나가는 질문도 있었습니다. 다만 평소 제가 갖고 있던 가치관과 생각을 정확하게 전달하려고 노력했습니다.

Q. 자소서와 면접은 어떠한 관련이 있는지 말씀해주세요.

A. 면접관의 질문은 대부분 자소서와 관련된 질문입니다. 5개 정도 질문할 때 4개는 자소서를 기반한 질문을 합니다. 80% 정도 됩니다. 자기 자소서를 보면서 질문하고 대답하는 연습을 많이 해야 합니다. 처음 보는 취업준비생에게 면접관이 말을 걸기 위해서는 정보가 필요합니다. 면접관은 면접하는 당일 현장에서 취업준비생이 입장하기 직전에 자소서를 읽으며 정보를 파악합니다. 현업의 팀장급들이 바쁜 업무에 한창 치이다가 하루 소집되어 면접관으로 참석합니다. 사전에 준비 등을 할 틈이 없습니다.

면접할 때 자신이 쓴 자소서의 내용은 암기할 정도로 파악하고 있어야 답변하기 수월합니다. 가능하다면 최대한 많은 질문을 만들어 선배나 친구들과 모의 면접을 하는 것도 좋은 방법입니다. 저는 동아리 친구들과 역할을 나눠 연습했습니다.

Q. 면접을 준비하는 데 말이 너무 짧아요. 생각보다 말을 길게 할 수 없습니다. 방법이 없을까요?

A. 자소서를 쓰기 위해 글쓰기보다 말하기를 먼저 했습니다. 반대로 하겠습니다. 글쓰기를 하고 난 이후에 말하기를 하도록 하겠습니다. 면접 질문을 만들고 나서 답변을 글로 씁니다. 글로 쓸 때는 '언제, 어디서'를 꼭 밝힙니다. 인원수와 금액 등도 숫자로 정확하게 표현합니다. 어떤 느낌이 들었는지, 무엇을 배웠는지를 명확하게 씁니다. 정확하고 명확하게 말하면 면접관에게 신뢰를 줄 수 있습니다.

Q. 면접을 생각하면 너무 떨립니다. 낯선 사람 앞에서 말하는 것이 두렵습니다.

A. 예상 질문을 리스트업 해놓고 제가 말하고자 하는 답변을 글로 정리한 다음 실제 면접에서 답변하는 것처럼 연습하며 준비했습니다. 면접 답변을 최대한 많은 분량을 쓰고 읽으면서 연습하세요. 면접실에 들어가면 분위기에 압도당합니다. 면접관과 마주하면 엄청나게 긴장됩니다. 입으로만 연습하고 면접에 들어가면 거의 생각 나지 않을 수도 있습니다. 질문에 답변을 만들고 계속 읽고 연습해야 합니다. 답변을 암기할 수준까지 연습하면 편하게 면접을 볼 수 있습니다.

Q. 면접 과정을 설명해 주세요.

A. 실무자, 임원진, 인사담당자까지 총 세 번의 면접을 진행했습니다. 회의실에서 진행되었으며, 면접관 4명이 한 명씩 돌아가며 질의했습니다.

Q. 면접에서 핵심적으로 물었던 질의는 무엇이었고 답변은 어떻게 했습니까?

A. 수행하게 될 업무 관련 경험 위주로 질문을 받았고, 예상했던 질문이라 준비했던 대로 답변했습니다. 이전에 관련 업무를 수행하며 어떤 어려움을 겪었고 어떻게 극복했는지 설명했습니다.

Q. 취업준비생이 취업을 위해 경험해봐야 할 것이 있다면 어떤 것이 있을까요?

A. 쓸모없는 경험은 없다고 생각합니다. 취업 준비에 들어가기 전, 최대한 다양한 경험을 하기를 권유합니다. 무엇이든 어떤 방식으로든 본인에게 도움이 됩니다. 본격적인 취업 준비에 들어가면 모의 면접을 많이 해보는 것을 추천합니다. 전문가든 친구들끼리 하던 내가 준비한 내용을 가능하면 최대한 많이 노출해야 합니다. 그렇게 하면 본인의 부족한 부분이 엄청나게 잘 드러나고, 그만큼 자극이 많이 됩니다. 실제 면접에서 긴장감이 줄어들고 큰 도움이 됩니다.

Q. 취준생에게 당부하고 싶은 말씀이 있다면 한마디 부탁드립니다.

A. 학점과 대외활동 같은 스펙이 부족하다는 생각, 막연하게 아무 곳이나 취업하고 싶다는 생각이 들 때가 있습니다. 무기력에 빠지지 않기를 바랍니

다. 어차피 피할 수도 돌이킬 수도 없는 일입니다. 현실을 직시하고, 최소한 어떤 분야의 어떤 직종에서 일하고 싶은지 먼저 구체화하기를 바랍니다. 그러면 부족한 자신의 스펙과 경험 안에서도 지원하는 분야와 직종에 맞춰 이야기를 풀어나가고 추가로 준비할 것들이 보입니다. 졸업 후 3년 정도는 최선을 다해 취업 준비를 한다는 의지와 그에 맞는 노력을 하면 좋은 결과가 나올 것입니다.

남들보다 조금 늦게 취업하더라도 지나고 보면 아무것도 아닙니다. 조급해하지 않아도 됩니다. 본인을 믿고 끈기로 버텨 취업에 성공하시길 기원합니다. 특히 지방대라고 스스로 한계를 짓지 말고 과감하게 도전해 보세요. 요즘의 추세는 취업에서 오로지 취업준비생이 가진 능력만을 봅니다. 자신 있게 당당하게 응시하기를 바랍니다.

책을 마치며

　많은 분의 지지와 성원으로 책 집필이 가능했습니다. 책 출간을 허락해 준 전익균 사장님께 고마움을 전합니다. 책 쓰기의 물꼬를 터준 이강균 선배와 대학에서 자소서 강의를 할 수 있게 길을 열어 준 임성환 교수, 김대기 교수 그리고 학생들에게 고맙다는 인사를 전합니다. 저에게 책을 다시 쓸 용기를 북돋워 준 김진규 형과 책 마무리를 잘할 수 있도록 도움을 준 제자 이민용과 한정희에게 감사를 드립니다. 항상 자식의 발전을 위해 기도하시는 어머니와 장모님, 전적으로 책쓰기를 물심양면으로 배려해준 아내의 지원과 기도 덕분이기도 합니다. 아들에게 글쓰기 능력을 주신 하늘나라에 계신 아버님께 감사 인사를 드립니다. 끝으로 취준생이 책을 잘 활용하여 자소서를 쓰고, 면접까지 무사히 통과하여 원하는 직장에 취업하기를 바랍니다.

챗GPT 활용과 토론 면접 방법 수록
업무역량으로 끝내는 자소서와 면접

초판 1쇄 인쇄 2024년 11월 10일
초판 1쇄 발행 2024년 11월 15일

지은이 | 황석범
발행인 | 전익균

이   사 | 정정오, 윤종옥, 김기충
기   획 | 조양제
편   집 | 전민서, 김혜선, 백연서
디 자 인 | 얼앤똘비악
관   리 | 이지현, 김영진
마 케 팅 | (주)새빛컴즈
유   통 | 새빛북스

펴낸곳 | 에이원북스
전 화 | 02)2203-1996 팩스 | 050)4328-4393
출판문의 및 원고투고 이메일 | svcoms@naver.com
등록번호 | 제215-92-61832호 등록일자 2010. 7. 12

가격 17,000원

ISBN 979-11-91517-83-5(03320)